D1375057

Équilibre hormonal
et progestérone naturelle

Docteur John R. Lee

Équilibre hormonal
et progestérone naturelle

Traduit de l'américain
par Lucy Degrémont et Karen Vago

SULLY

Du même auteur :

Dr J. R. Lee, Dr J. Hanley, V. Hopkins, *Guérir la préménopause*, Santé pour tous, Lausanne, 1999.
Dr J. R. Lee, Dr J. Hanley, V. Hopkins, *Tout savoir sur la préménopause*, Sully, 2000.
Dr J. R. Lee, D. Zava, V. Hopkins, *Tout savoir sur le cancer du sein*, Sully, 2002

Titre original : *Natural Progesterone, The multiples roles of a remarkable hormone*, BLL Publishing
Traduction de l'édition de 1995
Les passages en gras ont été accentués par l'éditeur.
© John R. Lee, 1993
© Sully, 1997 pour la traduction française, nouvelle édition 2002

Éditions Sully – BP 171 – 56005 Vannes Cedex – France
Tél. : 02 97 40 41 85, fax : 02 97 40 41 88
E-mail : editions.sully@wanadoo.fr
Site : www.editions-sully.com
ISBN 2-911074-45-9

Sommaire

Avant propos

Ce livre éclaire d'un jour nouveau la santé hormonale féminine avec tous ses problèmes de fibrome, de mastose, d'endométriose, de syndrome prémenstruel, de ménopause, de kyste ovarien, d'accumulation de graisse sur les cuisses et les hanches, etc. Après avoir appliqué les traitements classiques recommandés sans obtenir de résultats satisfaisants le docteur John Lee s'est tourné vers la littérature scientifique et quelques chercheurs qui lui semblaient intéressants. Il a redécouvert les « propriétés remarquables » de la progestérone et son importance pour équilibrer un véritables syndrome de notre époque : « la dominance en œstrogènes ».

Il n'est d'ailleurs pas le seul à penser que les symptômes de la ménopause et la perte osseuse qui l'accompagne sont principalement dû à une déficience en progestérone. D'autres font remarquer que pendant la ménopause, la progestérone décroît beaucoup plus fortement par rapport à son niveau de base que les œstrogènes. Après trente années de pratique médicale, et vingt années d'utilisation de la progestérone naturelle, le docteur Lee destinait cet ouvrage à ses confrères médecins. Il voulait leur faire part de ses découvertes et de son expérience clinique. À sa grande surprise, ce sont les femmes qui ont fait circuler l'information aux États-Unis. Ce livre est un véritable manuel d'édu-

cation sur le cycle féminin et ses déboires, ainsi que sur la ménopause et l'ostéoporose.

J'ai souhaité que les femmes, les thérapeutes et notamment le corps médical de langue française aient accès à ces
informations précieuses jusqu'alors réservées aux lecteurs
anglo-saxons. C'est avec une amie, Lucy Degrémont, que nous
avons entrepris cette tâche. Nous avons rencontré John Lee,
l'une dans sa maison-ferme en Californie et l'autre lors d'une
conférence en Angleterre. C'est un homme sans prétention,
d'une très grande humanité, facilement abordable. Il se rend disponible pour répondre aux questions de femmes qu'il n'a parfois
jamais vues mais qui l'appellent et souhaitent appliquer ses
conseils. Son esprit scientifique d'investigation lui a permis de
comprendre que certaines pratiques de traitement hormonal
tenaient plus de l'influence de l'industrie pharmaceutique que
d'une réflexion confirmée par l'expérimentation.

Bien que ce livre paraisse par moments un peu technique,
je recommande vivement à toutes les femmes de le lire. Vous
pouvez survoler les passages les plus difficiles donnant les expli-
cations détaillées des mécanismes. La plus grande partie de ce
livre est tout à fait lisible par tous. Parlez-en à votre médecin s'il
ne le connaît pas encore. Je vous souhaite dorénavant de vivre en
harmonie avec vos hormones.

Karen Vago

PROLOGUE

On dit que les découvertes ont une prédilection pour les esprits bien préparés. Cet état réceptif peut être le fruit d'une recherche délibérée, il peut se produire de façon accidentelle et/ou il peut s'agir d'une découverte heureuse et inattendue. Dans mon cas, c'est le hasard qui a joué un rôle. Il y a vingt-cinq ans, j'étais l'éditeur de notre revue médicale locale et responsable d'un éditorial mensuel. Comme d'habitude, je cherchais un sujet intéressant et je n'avais pas d'idée en rapport avec la saison pour l'éditorial du mois de décembre. Pendant la semaine précédant la date butoir à laquelle je devais rendre mon éditorial, je suis tombé sur deux articles qui m'ont intrigué. L'un d'eux trouvé dans le journal des anciens élèves de Harvard traitait de la coutume mystérieuse du gui à Noël, donnant le droit d'embrasser une dame sous le gui, coutume apparemment héritée des Celtes pour des raisons inconnues. L'autre trouvé dans le *JAMA* (*Journal of the American Medical Association*) venait d'un médecin ayant récemment pris sa retraite et qui, après une carrière à la NIH (National Institute of Health), rendait visite à la ville de son enfance au Texas. Lors d'une conversation avec une romanichelle locale réputée pour la réussite de son traitement contraceptif du « lendemain matin », il avait découvert que cette réussite était basée sur l'utilisation des baies de gui européen (*Viscum album*). Le gui du Nouveau Monde ne possédait pas cet effet parce qu'il lui manquait une composante essentielle. En effet, en analysant plus tard les baies du gui européen, il y avait trouvé une très forte concentration en progestérone ainsi qu'en d'autres stérols et glycosides y compris de la digitaline.

J'étais devant un mystère à résoudre. La progestérone contenue dans les baies de gui avait-elle quelque chose à voir avec l'usage qu'en faisaient les Celtes ? Quel était le lien avec la fête de Noël ? En consultant *Le Rameau d'or* de Frazer et d'autres références dont je ne me souviens plus, il m'apparut clairement que notre connaissance des Celtes venait principalement de l'historien romain Pline. Les Celtes européens, appelés Gaulois par les Romains, vénéraient le gui du chêne (un saprophyte) pour ses multiples bienfaits médicinaux – ils l'appelaient le « Guérit Tout » – et pour son supposé rôle sacré, étant envoyé par Dieu comme un signe de la vie qui vainc la mort. Durant les longs mois d'hiver glacés, les chênes avec leur gui et les arbres à feuilles persistantes étaient les seuls végétaux verts poussant parmi les arbres sans feuilles dans les vastes forêts enneigées ; seul le gui produit des baies au cœur de l'hiver.

Les grands prêtres-médecins des Celtes, les druides, tenaient depuis plusieurs siècles une célébration au milieu de l'hiver qui coïncidait avec le solstice d'hiver, et commençait le 22-23 décembre de notre calendrier moderne. L'événement durait une semaine et avait pour but de célébrer la promesse que le soleil ne disparaîtrait pas entièrement, et que le monde ne s'arrêterait pas mais serait rajeuni par le retour du soleil et la venue du printemps. Les dettes étaient remboursées, des cadeaux échangés, des festins servis et une potion sacrée d'hydromel chaud, faite avec les baies tant vénérées coupées et ramassées dans un linge blanc afin qu'elles ne touchent pas le sol, était servie en abondance. Évidemment, nous savons maintenant que la progestérone stimule la libido et que toutes les interdictions visant la permissivité sexuelle étaient considérablement relâchées sous l'influence de ce breuvage à base d'alcool et de progestérone. Nous savons aussi maintenant que les règles mensuelles sont la conséquence d'une chute brutale du niveau de progestérone, phénomène qui se produisait naturellement quand les festivités de la semaine s'arrêtaient. Ainsi, si la femme concevait pendant cette semaine de rapports sexuels sans restrictions l'œuf fécondé disparaissait avec les règles menstruelles, renforçant par là l'idée que cette orgie sans conséquence était simplement un autre don des dieux. Une fois les fêtes de l'hiver terminées, les chefs proclamaient le début de la nouvelle année et la vie quotidienne des Celtes reprenait normalement.

Les bienfaits médicinaux du gui étaient connus de nombreux peuples de cultures différentes occupant ce qui est aujourd'hui l'Europe ; ils étaient aussi connus des Aïnous du nord du Japon. On fabriquait des potions à base de gui pour favoriser la conception chez les hommes et les animaux domestiques, pour redonner la joie de vivre, pour guérir l'épilepsie et les ulcères, et pour une multitude d'autres maladies. En parallèle avec des déclarations récentes de la FDA (Food and Drug Administration – organisme américain de contrôle et de mise sur le marché de médicaments et de productions alimentaires) auxquelles on devrait prêter plus d'attention, les autorités « des temps modernes », au début de ce siècle, déclaraient que le gui n'était pas une plante médicinale mais qu'il était en fait dangereusement toxique. En réalité, le message qui ressort de ce constat est que tout ce qui concerne la santé et la guérison doit rester entre les mains des autorités et de leurs organisations professionnelles et n'est pas du ressort du profane.

C'est ainsi que j'écrivis mon éditorial de Noël sur le gui, il y a un quart de siècle, montrant que l'autorisation saisonnière d'embrasser une femme sous une branche de gui n'était que le lointain souvenir de la permissivité sexuelle dont jouissaient les Celtes pendant la célébration du solstice d'hiver, un cadeau offert par la progestérone naturelle trouvée dans la baie du gui, si ce n'est par des dieux. Comme vous pouvez l'imaginer, de nombreux lecteurs m'ont contacté, les uns irrités par le fait que je puisse relater les restes d'une coutume non chrétienne et peut-être païenne au moment de la célébration de la naissance du Christ (mais sans pour autant donner une explication à la coutume). Les autres m'ont expliqué que cette histoire d'hormones dans les plantes n'avait rien d'anormal et qu'il y avait plus de cinq mille plantes contenant des substances progesterone-like. Le mot phyto-hormone n'était pas encore en vogue. Un certain nombre de réactions, reflétant une grande tolérance, sont venues d'écoles de théologiens réclamant des références complémentaires.

Quelques années plus tard, en 1978, en entendant une conférence du docteur Ray Peat sur la progestérone naturelle dérivée de la racine de l'igname sauvage, le concept ne m'était pas du tout étranger. J'exerçais depuis suffisamment longtemps pour savoir que les œstrogènes associés au calcium et à la vitamine D n'étaient pas toute la réponse à l'ostéoporose. Je savais aussi que la progestérone pouvait être absorbée par voie transcutanée. Le fait qu'il y ait une accélération de l'ostéoporose au moment de la ménopause supposait une forte implication des hormones gonadiques. Si les œstrogènes seuls n'apportaient pas de réponse, il était possible que la progestérone soit aussi impliquée dans la solidité des os. Face à mes patientes ostéoporosiques ménopausées ayant eu un cancer du sein ou de l'utérus ou pour lesquelles il y avait d'autres contre-indications, et qui donc ne pouvaient pas prendre des œstrogènes, il me semblait raisonnable de leur offrir la possibilité d'utiliser une crème hydratante à base de progestérone (Cielo) facilement disponible sans ordonnance.

Voici le cas d'une autre découverte heureuse ! Le Dr Malcolm Powell venait d'ouvrir un cabinet proposant à prix modéré une absorptiométrie biphotonique, permettant à mes collègues cliniciens d'avoir une évaluation précise du contenu minéral osseux. À ma grande surprise, les analyses en série des lombaires réalisées par cette méthode montraient chez ces patientes une augmentation réelle, plutôt qu'une perte ralentie de la masse osseuse. Encouragé par ces faits, j'ai élargi mon utilisation de la progestérone aux patientes qui prenaient déjà des œstrogènes et j'ai eu les mêmes résultats. En plus les patientes signalaient des améliorations dans d'autres domaines – augmentation de leur vivacité et de leur énergie, amélioration des mastodynies et des kystes fibromateux, guérison de formes modérées d'hypothyroïdie, diminution des besoins en aspirine et en anti-inflammatoires, normalisation de la tension artérielle chez les patientes souffrant d'hypertension légère et, le plus inattendu, retour à une libido normale. Pour parachever l'histoire, les patientes ne signalaient aucun effet secondaire.

Je traitai ainsi de nombreuses patientes, qui ressentaient

toutes les mêmes bienfaits de la progestérone naturelle par voie transcutanée, et je partageai rapidement mes constatations avec mes collègues. Cependant, c'est ici que surgit une dimension inattendue de cette thérapie avec la progestérone : mes collègues m'ont félicité mais, quasi unanimement, ils ont choisi de ne pas appliquer le traitement à leurs patientes. Il me semblait que les raisons de leur décision étaient peu valables et égoïstes, ils invoquaient la peur de commettre une faute professionnelle, dont la responsabilité leur incomberait si par malheur une de leurs patientes développait un cancer, leur inquiétude vis-à-vis de l'opinion de leurs confrères et le fait qu'aucune entreprise pharmaceutique ne sponsorisait le traitement. Certains, bien sûr, m'ont téléphoné pour s'informer des détails du traitement afin de traiter leurs épouses, leurs mères et leurs belles-mères avec la progestérone naturelle. Mais avant tout, ce qui prévalait était 1) leur besoin de se fier à une autorisation officielle avant d'utiliser la progestérone naturelle à la place d'un progestatif de synthèse et 2) leur remarquable ignorance de la physiologie hormonale. La pratique clinique quotidienne étant ce qu'elle est, « suivre les instructions du livre » demande beaucoup moins d'effort (et est perçu comme étant plus sûr) que de penser par soi-même malgré le bienfait potentiel que cela pourrait apporter à la patiente.

Dans les vingt années qui ont suivi, j'ai continué à observer les bienfaits et l'absence d'effets secondaires de la progestérone naturelle. J'ai beaucoup appris, et de toute évidence il y a encore beaucoup à apprendre. J'éprouve un fort désir de partager ce que j'ai appris. Vous trouvez cela peut-être banal, mais c'est pour cette raison toute simple que j'ai écrit ce livre. J'espère que vous le lirez avec plaisir ; vous apprendrez peut-être quelque chose et en même temps vous renforcerez votre confiance et votre volonté d'agir en tant que médecin dans la pure tradition scientifique et en tant que conseiller solide pour vos patientes.

John R. Lee, M.D.
Sebastopol, Californie
Octobre 1993

Chapitre 1

DÉCOUVERTE
ET PREMIÈRES UTILISATIONS
DE LA PROGESTÉRONE

L'élevage des animaux et la procréation humaine ont fasciné les hommes depuis des temps immémoriaux. Les symboles, les rites et les idoles de la fertilité abondent dans toutes les cultures depuis l'âge de pierre. La survenue régulière des cycles de reproduction, selon un rythme annuel chez certains animaux, et mensuel chez les femmes, a été décélée plusieurs millénaires avant le Christ. Les Grecs anciens ont trouvé le terme *œstrus* (c'est-à-dire « frénésie ») et d'autres cultures utilisaient le mot « chaleur » dans leur langue pour décrire les périodes de fécondité chez les animaux femelles ainsi que chez les femmes. Les causes des événements cycliques de l'œstrus étaient évidemment inconnues.

Malgré une attirance forte envers le concept de fertilité, le rôle relatif de la femme était mal compris au Moyen Âge. La femme était considérée comme le réceptacle de la semence de germination de l'homme (gestation vient du mot latin *gestare*, « porter »). Ce n'est qu'au milieu du XIXᵉ siècle que l'on comprit que la femme transmettait à part égale ses caractéristiques à sa progéniture, ranimant ainsi un problème embarrassant pour l'église chrétienne. Il s'agissait de l'exemption du Christ du péché originel, que l'on avait réglée auparavant grâce à une traduction non littérale des textes du Nouveau Testament privant Joseph, l'époux de Marie, de son rôle dans la naissance de Jésus. En 1854, la bulle du pape Pie IX proclamait le dogme de l'Immaculée Conception dans lequel il est dit que Marie fut conçue et est née sans péché originel. C'est ainsi que la science influence la pensée ecclésiastique.

En 1866, Gregor Mendel, un moine autrichien peu connu, publia un article sur l'hybridation des petits pois décrivant l'importance à parts égales des facteurs mâles et femelles sur les caractéristiques transmises aux générations successives des plantes. Malgré l'impulsion donnée par les publications indépendantes mais simultanées de C. R. Darwin et A. R. Wallace en 1858, ainsi que par le traité remarquable de Darwin, *L'Origine des espèces* (1859), traitant tous des facteurs héréditaires transmis comme *modus operandi* de l'évolution, le travail de Mendel fut globalement ignoré. Cependant, une génération plus tard, en 1900, ces principes génétiques furent redécouverts indépendamment par trois scientifiques, de nationalités différentes, Hugo de Vries, C. G. Correns et Erich Tschermak-Seysenegg, travaillant chacun dans son pays respectif.

La science de la génétique ainsi que la biochimie de la reproduction firent un bond en avant ces années-là. En 1900, Knauer détermine le rôle des ovaires dans le contrôle hormonal du système de reproduction féminin. La même année, Halban montra que, si des ovaires étaient implantés dans de jeunes animaux, ils bénéficiaient d'un développement et d'un fonctionnement sexuel normaux. En 1923, Allen et Doisy ont élaboré une méthode de dosage biologique basée sur des prélèvements vaginaux de rats et destinée à mesurer des extraits ovariens. En 1925, Frank et al ont rapporté avoir détecté un principe sexuel actif dans le sang des truies pendant l'œstrus. Plus important encore, en 1926, Lowe et Lange ont découvert une hormone sexuelle féminine dans l'urine des femmes réglées et ils ont constaté que la concentration de cette hormone variait selon la phase du cycle menstruel. En 1928, Zondek trouva une plus grande quantité de cette hormone de l'œstrus, appelée de nos jours œstrogène, dans l'urine des femmes enceintes ; cette découverte a rapidement conduit à l'isolation de la substance active dans sa forme cristalline (Butenandt, 1929 ; Doisy et al, 1929, 1930) [1].

Pendant ces années fertiles en découvertes (sans jeu de mots), les premiers chercheurs posaient comme principe que les ovaires produisaient deux substances hormonales. Beard, en particulier, a suggéré en 1897 que les petits corps jaunes, sur la surface ovarienne chez les femmes enceintes, devaient avoir une fonction spécifique pendant la grossesse. Cette théorie fut soutenue par Fraenkel en 1903 lorsqu'il démontra que la destruction du corps jaune, chez les lapines en gestation, déclenchait l'avortement. Enfin, Corner et Allen, en 1929, ont mis en évidence l'existence de l'hormone du corps jaune nécessaire à une bonne gestation (appelée progestérone) en démontrant que l'avortement après extraction du corps jaune pouvait être évité en injectant des extraits de substances produites pendant la période lutéale. Peu de temps après ils ont isolé l'hormone pure du corps jaune des truies [1]. La recherche fut ralentie pendant plusieurs années à cause de la quantité infime de progestérone obtenue de cette manière. Cependant, à la fin des années 1930, on a trouvé que le placenta produisait chez les humains des quantités prodigieuses de progestérone (300-400 mg/par jour durant le troisième trimestre) [2]. Cela conduisit à une pratique consistant à récupérer le placenta après l'accouchement et à le congeler rapidement afin d'en extraire la progestérone dans des quantités suffisantes pour la recherche expérimentale et l'application clinique. C'était l'aube d'une nouvelle ère en médecine.

On a trouvé que la progestérone était un composé liposoluble qui, s'il était pris oralement, était relativement peu efficace en raison d'un premier passage hépatique qui provoque une transformation rapide et importante. Lorsque la progestérone est dissoute dans l'huile végétale et donnée par injection, elle est rapidement absorbée et devient totalement efficace. Cependant, une piqûre intramusculaire de progestérone à des doses supérieures à 100 mg est localement irritante, ce qui limite son utili-

1. Les appels de note renvoient aux références bibliographiques regroupées en fin d'ouvrage.

sation. Les praticiens habitués au mécanisme complexe de l'équilibre hormonal ont cependant trouvé que la progestérone était particulièrement efficace chez les patientes souffrant de ce que l'on appelle aujourd'hui le syndrome prémenstruel (SPM), les kystes ovariens et la prévention des risques d'avortement. On a trouvé que les suspensions aqueuses étaient encore plus douloureuses et elles furent peu utilisées. Toutefois la progestérone est bien absorbée par voie rectale ou vaginale. Ces méthodes d'administration de la progestérone sont encore utilisées en Europe et en Angleterre. Katherine Dalton de Londres est devenue mondialement connue pour le traitement du syndrome prémenstruel en administrant de la progestérone par voie rectale.

Au début des années 50, on a trouvé dans de nombreuses espèces de plantes des stérols ayant une activité œstrogene-like et progesterone-like *. Aujourd'hui on en compte plusieurs milliers. En particulier la diosgénine qui est un stérol présent en quantité abondante dans les ignames sauvages (*Dioscorea*). La diosgénine est facilement convertie en progestérone naturelle pour en faire un important produit pharmaceutique à moindre coût. En raison de l'avantage financier que l'industrie peut tirer des composés brevetables, la recherche sur la progestérone financée par l'industrie pharmaceutique s'est concentrée sur des substances analogues brevetables, synthétisées à partir de la progestérone naturelle dérivée de l'igname. Cela a permis l'introduction de nouvelles classes d'agents progestatifs ayant une activité prolongée et une efficacité accrue pour l'administration par voie orale. Ces progestatifs ont de multiples noms en anglais comme *progestins, progestogens* et *gestagens*, tous voulant dire la même chose : tout composé synthétique ayant la capacité de maintenir la phase sécrétoire de l'endomètre. Malheureusement, les progestatifs n'offrent pas le même éventail d'activité biologique que la progestérone naturelle ni sa sécurité d'emploi. Malgré la longue liste des précautions d'emploi (voir chapitre 3), les progestatifs sont utilisés très couramment à cause de leur effi-

---

* Nous avons gardé l'expression anglaise, qui signifie « semblable (similaire) à » pour éviter une périphrase qui alourdirait le texte. (NDLT)

cacité pour le contrôle des naissances et la protection qu'ils apportent contre le risque de cancer de l'endomètre induit par les œstrogènes. Au cours des deux dernières décennies, la recherche sur la progestérone naturelle a en revanche été essentiellement non existante. C'est ainsi que le profit industriel influence la recherche scientifique.

En ce qui me concerne, j'ai obtenu mon diplôme de l'école de médecine de l'université de Minnesota, j'ai terminé l'internat au Minneapolis General Hospital, et j'ai passé presque une année entière à exercer avec un médecin réputé à Faribault, Minnesota. J'ai terminé deux années intéressantes dans la région du Pacifique comme médecin officier de la marine américaine et, en 1959, j'ai ouvert mon propre cabinet de généraliste à Mill Valley, Californie. Je me suis senti confiant et bien entraîné.

J'ai diagnostiqué deux cas de maladie de Cushing qui étaient passés inaperçus chez d'autres collègues, un phéochromocytome, un méningiome parasagittal, un anévrisme cérébral chez une dame que l'on avait qualifiée d'hystérique (tout cela à une époque où il n'y avait pas encore les CT scanners et IRM), un cas de filariose (chez une jeune fille dont la famille revenait d'Afrique), un cas d'amibiase hépatique ; j'ai mis au monde des bébés, et je suis venu à bout d'une éclampsie. Je me débrouillais bien pour expliquer le fonctionnement de la pilule contraceptive, et je suis devenu un des rédacteurs de la revue mensuelle de notre groupe médical. Mais il y avait aussi ces femmes qui me consultaient pour le gonflement de l'abdomen avant les règles, la rétention d'eau, et les problèmes émotionnels, et qui me racontaient que leur médecin précédant (généralement un médecin plus âgé, très intelligent et de la côte est des USA) les avait traitées avec succès avec des piqûres de progestérone. Mes traitements à base de diurétiques, d'hormones contraceptives, ou de légers tranquillisants étaient généralement infructueux et les pharmacies locales ne vendaient plus de progestérone injectable. L'ère de la progestérone naturelle fut courte, elle est apparue et a disparu avant mon temps, inondée par le flot des hormones synthétiques.

Récemment cependant, l'avantage de la progestérone

naturelle est redevenu évident. Son utilisation dans les cas cliniques augmente en raison de la synchronicité intéres-sante de plusieurs facteurs. L'ostéoporose est la principale maladie invalidante des femmes aux U.S.A. et son traitement avec les œstrogènes est moins que satisfaisant [3-7]. Par ailleurs, les œstrogènes entraînent un risque de cancer de l'endomètre qui peut être largement évité par la progestérone et ses analogues [8]. Troisièmement, la mesure précise de la densité osseuse n'est plus du domaine de la recherche mais elle est à la portée de la pratique médicale quotidienne. Et enfin, la progestérone naturelle est absorbée efficacement par voie transcutanée, fait qui encourage les patientes à accepter son utilisation et qui réduit considérablement le coût du traitement. C'est en 1980, lorsque mes patientes ont atteint la soixantaine et ont commencé à souffrir d'ostéoporose que j'ai entendu parler de la progestérone naturelle transcutanée (vendue comme crème hydratante), et que j'ai commencé à l'ajouter à mon traitement pour l'ostéoporose tout d'abord chez celles pour qui les œstrogènes étaient contre-indiquées. À ma grande surprise, les mesures de la densité osseuse montraient une augmentation significative sans le moindre effet indésirable. Avec ce succès évident, j'ai proposé de la progestérone naturelle à mes patientes ostéoporotiques chez qui les œstrogènes n'avaient pas d'effet significatif. De nouveau c'était une réussite (voir chapitre 10).

Par la suite, j'ai écrit un article [9] décrivant le succès de la progestérone naturelle et, petit à petit, je suis devenu un conseiller pour celles qui souhaitaient utiliser la véritable progestérone. Au fur et à mesure de mon expérience, il devint clair que la progestérone naturelle participait à la bonne santé des femmes pour toutes sortes de problèmes et la bonne nouvelle se répandit peu à peu. Les médecins, qui laissaient aux gynécologues et aux endocrinologues les complexités de l'équilibre hormonal, ont repris leurs manuels pour réapprendre les leçons restées si longtemps ignorées. Ils ont découvert que la progestérone était le principal précurseur de la synthèse de la cortisone par le cortex surrénal ; que les œstrogènes non contrebalancés par la progestérone sont un facteur dans nombre de syndromes qu'ils voient quotidiennement dans leurs cabinets médicaux et plus particulièrement dans le syndrome prémenstruel ; que les seins fibrokystiques redeviennent normaux avec la progestérone ; que les os deviennent plus solides lorsque la progestérone est ajoutée au traitement thérapeutique ; que la progestérone est une protection contre le cancer du sein ; que la progestérone facilite l'activité de l'hormone de la thyroïde et qu'elle est une protection contre la rétention d'eau et de sel, et donc, contre l'hypertension ; que la progestérone transcutanée hydrate merveilleusement bien la peau et que leurs patientes se sentent tout simplement mieux quand il n'y a plus de déficience en progestérone.

Toute l'histoire de la progestérone n'est pas encore écrite. En ce vingtième siècle, le progrès scientifique concernant la découverte et la compréhension de cette hormone remarquable est bien sûr étonnant, mais ce n'est que la partie apparente de l'iceberg. L'ère de la progestérone naturelle n'est pas terminée, elle émerge à peine de la masse des progestatifs. Les chapitres qui vont suivre vont éveiller votre intérêt, j'en suis certain.

Chapitre 2

QU'EST-CE QUE LA PROGESTÉRONE ?

La progestérone est une des deux principales hormones fabriquées par les ovaires des femmes réglées, l'autre étant l'œstrogène. Pour être plus précis, c'est l'hormone fabriquée par le corps jaune juste avant l'ovulation. Pendant les deux dernières semaines du cycle, elle augmente rapidement après l'ovulation pour devenir l'hormone sexuelle principale de la femme. Elle est nécessaire à la survie de l'ovule fécondé, à l'embryon qui en résulte et au fœtus pendant la gestation lorsque le placenta prend la relève de la synthèse de la progestérone. La progestérone est aussi fabriquée en moindre quantité par les glandes surrénales de l'homme et de la femme et par les testicules chez l'homme. C'est une étape majeure dans la biosynthèse des hormones surrénales corticales.

Les trois fonctions principales de la progestérone sont :
– la survie et le développement de l'embryon,
– une grande variété de propriétés biologiques intrinsèques,
– son rôle de précurseur d'autres hormones stéroïdes.

La biosynthèse de la progestérone

La synthèse de la progestérone a son origine dans l'ovaire, elle est produite à partir du cholestérol qui lui-même est synthétisé à partir d'une molécule d'acétate (petits fragments à deux atomes de carbone obtenu à partir du catabolisme du sucre et des acides gras). Non seulement les autres hormones sexuelles sont dérivées de la progestérone mais aussi les corticostéroïdes. Un schéma simplifié montrant les étapes de ce processus est reproduit ci-dessous :

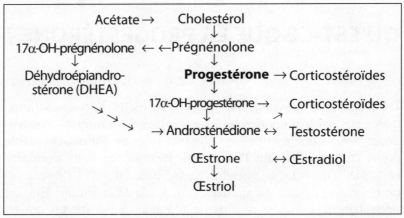

Schéma 1. Schéma de la biosynthèse des hormones gonadiques et corticosurrénales.

Il est évident que la progestérone joue un rôle essentiel dans cette biosynthèse. Elle participe à la formation des corticostéroïdes et de toutes les autres hormones sexuelles, c'est-à-dire les œstrogènes pour la testostérone. En plus, elle a des propriétés vitales intrinsèques qui lui sont propres et elle est l'hormone la plus importante à la survie de l'œuf fécondé et de l'embryon qui en résulte, comme nous allons le voir.

Chez les femmes qui ovulent, la progestérone est fabriquée principalement par l'ovaire (ou plus précisément le corps jaune) et en quantités moindres chez la femme comme chez l'homme par le cortex surrénal et par les testicules chez l'homme. Dans le cytoplasme des cellules se trouvent de minuscules organelles, les mitochondries, qui convertissent le cholestérol en prégnénolone qui, lorsqu'elle est transférée au cytoplasme, est convertie en progestérone ou en DHEA selon le type de cellule et les besoins du corps. Avec l'ovulation et au fur et à mesure que le corps jaune se développe (voir chapitre 7), la production ovarienne de progestérone augmente rapidement en passant de 2-3 mg par jour à une production moyenne de 22 mg par jour, la production maximum s'élevant à 30 mg par jour, une semaine environ après l'ovulation. Après dix ou douze jours, s'il n'y a pas fécondation, la production ovarienne de progestérone tombe vertigineusement. C'est cette chute soudaine de progestérone qui provoque l'écoulement de l'endomètre dans sa phase sécrétoire et que l'on appelle les règles. Cette phase se solde par le renouvellement du cycle menstruel. Pendant la grossese, le placenta prend la relève pour la production de progestérone ; elle augmente régulièrement jusqu'à atteindre 300-400 mg par jour pendant le troisième trimestre de la grossesse.

Au fur et à mesure qu'elle passe dans le sang, la progestérone est liée à une protéine hydrosoluble (appelée *cortisol binding globulin*, CBG – globuline de liaison cortisolique – car c'est la même globuline utilisée par l'hydrocortisone pour son passage dans le plasma). Seule une petite quantité de progestérone (2-10 %) circule dans le plasma sans être liée à une protéine. La structure moléculaire de la progestérone, dérivée du cholestérol, est très semblable à la molécule du cholestérol et, comme elle, est soluble dans les lipides. En tant que telle, elle ne serait pas soluble dans le plasma aqueux si elle n'était pas liée à la protéine citée plus haut.

Les molécules de cholestérol sont des composants majeurs des membranes cellulaires. Chacune de ces membranes, si on la compare à une si petite molécule, ressemble plutôt à un sac fait d'une toile tissée qui maintient la cellule mais avec suffisamment d'espaces entre les molécules pour permettre le passage de l'oxygène, du dioxyde de carbone (gaz carbonique), de minéraux spécifiques et d'autres substances minuscules. En approchant d'une cellule, la progestérone se libère du CBG et peut ainsi passer facilement dans le cytoplasme à travers les membranes cellulaires où, si elle rencontre et se lie à un récepteur, elleforme un complexe activé qui migre jusque dans le noyau de la cellule pour se lier à un segment d'ADN (génome). Il en résulte la formation d'un ARN spécifique par lequel les effets de la progestérone sur les cellules sont mis en action. Si la progestérone passe dans une cellule à qui il manque un récepteur approprié, elle ressortira tout simplement de la cellule. Telle est la fonction hormonale.

Enfin, les molécules de progestérone sont portées par le sang vers le foie où elles sont désactivées (métabolisées) et éliminées par l'intermédiaire de la bile et de l'urine. Le processus de désactivation consiste à ajouter de l'hydrogène à différents sites de doubles liaisons (un procédé appelé hydrogénation ou réduction) et conduisant à la formation de trois groupes de composés étroitement liés : les prégnanédiones, les prégnanalones, et les prégnanédiols. Ces métabolites inactifs sont ensuite conjugués avec l'acide glucuronique et éliminés sous forme de glucuronides hydrosolubles principalement dans la bile mais aussi dans l'urine. Le prégnanédiol urinaire est utilisé comme un indicateur des niveaux de production endogène de progestérone.

La procréation

Comme cela a été indiqué dans le premier chapitre, on a découvert que la progestérone est l'hormone qui rend possible la survie de l'œuf fécondé. Elle est produite par le corps jaune formé après éjection de l'ovule du follicule ovarien. La progestérone tient son nom de sa fonction en tant que promoteur de la gestation. Elle maintient l'endomètre dans sa phase sécrétoire dans laquelle s'installe l'ovule fécondé et qui nourrit le blastoderme et l'embryon durant la phase trophoblastique. Comme on peut s'y attendre, la montée de progestérone au moment de l'ovulation est l'origine de la libido, du désir ardent de procréer, autrement dit l'appétit sexuel qui a pour conséquence d'unir l'ovule et le spermatozoïde.

La progestérone est nécessaire afin de prévenir la perte prématurée de l'endomètre dans sa phase sécrétoire et nourricière. Toute chute de progestérone ou tout blocage de ses récepteurs à ce moment-là se soldera par une perte de l'embryon (avortement). C'est ainsi qu'agit le RU-486, composé à action anti-progestérone. Au fur et à mesure que le placenta se développe, il assume la production de progestérone tout en l'augmentant pour toute la durée de la période de gestation c'est-à-dire jusqu'à la naissance du bébé. Durant le troisième trimestre, la proges-térone est produite en quantités supérieures à 300 mg par jour, ce qui représente un niveau stupéfiant pour une hormone (pour les autres hormones, il se mesure habituellement en quelques microgrammes par jour). Dans certains pays, le placenta est gardé après la naissance du bébé et il est utilisé afin d'en extraire la progestérone.

La progestérone (à la différence des œstrogènes et de la testostérone) n'influence pas les caractères sexuels secondaires du fœtus. Celui-ci se développe d'après son propre code d'ADN sans être affecté par le taux de progestérone sécrété par sa mère.

Propriétés biologiques intrinsèques

La progestérone a de nombreux effets bénéfiques dans le corps. La liste ci-dessous donne une indication de la diversité et de l'importance de ces effets. Puisque la progestérone protège contre les effets secondaires indésirables des œstrogènes non contrecarrés, que ce soit de manière endogène avant la ménopause ou comme une conséquence de la supplémentation en œstrogènes, ces effets seront inclus dans la liste. Il faut rappeler que les œstrogènes permettent l'afflux d'eau et de sodium dans les cellules, affectant ainsi la production d'aldostérone entraînant rétention d'eau et hypertension. Les œstrogènes entraînent une hypoxie cellulaire, s'opposent à l'action de la thyroïde, favorisent la libération d'histamines, favorisent la coagulation du sang, augmentant ainsi le risque d'attaque et d'embolie, épaississent la bile et favorisent les maladies biliaires, et causent la rétention de cuivre et la perte du zinc. Les œstrogènes, non contrecarrés par la progestérone, diminuent la libido, augmentent les chances d'avoir des seins fibrokystiques, des fibromes utérins, le cancer de l'utérus (endomètre) et des seins. Tous ces effets indésirables des œstrogènes sont contrecarrés par la progestérone. **Le rétablissement de niveaux normaux de progestérone permet de rétablir l'équilibre hormonal.**

Les propriétés de la progestérone
● Précurseur des autres hormones sexuelles, c'est-à-dire œstrogènes et testostérone.

- Maintient la phase sécrétoire de l'endomètre.
- Protège contre les fibrokystes des seins.
- Est un diurétique naturel.
- Aide à l'utilisation des lipides pour la fabrication de l'énergie.
- Est un antidépresseur naturel.
- Aide l'action de l'hormone thyroïdienne.
- Normalise la coagulation sanguine.
- Restaure la libido.
- Aide à normaliser les niveaux de sucre sanguin.
- Normalise les niveaux de zinc et de cuivre.
- Restaure les niveaux d'oxygène au niveau des cellules.
- Protège contre le cancer de l'endomètre.
- Aide à la protection contre le cancer du sein.
- Stimule la construction osseuse par l'intermédiaire des ostéoblastes.
- Est nécessaire à la survie de l'embryon et du fœtus pendant toute la gestation.
- Est un précurseur de la synthèse de la cortisone par le cortex surrénalien.

Chacune de ces propriétés fera l'objet d'une discussion plus approfondie dans les chapitres suivants.

Biosynthèses du cholestérol et de la prégnénolone

Avant de discuter la troisième fonction importante de la progestérone, à savoir son rôle dans la synthèse des stéroïdes, il peut être utile de revoir la biosynthèse du cholestérol et aussi de la prégnénolone. Le cholestérol peut être synthétisé par les cellules dans tout le corps, particulièrement dans le foie, à partir de l'acétate qui est un fragment à deux atomes de carbone dérivé des hydrates de carbone et/ou des lipides. Dans les grandes lignes, la première étape est la formation d'*aceto-acetyl-sulfated coenzyme A*. L'étape finale est l'oxydation et la disposition cyclique du squalène. Les étapes principales du processus sont montrées ci-dessous.

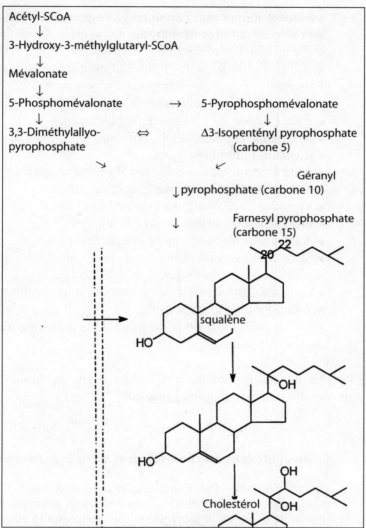

Acétyl-SCoA
↓
3-Hydroxy-3-méthylglutaryl-SCoA
↓
Mévalonate
↓
5-Phosphomévalonate → 5-Pyrophosphomévalonate
↓ ↓
3,3-Diméthylallyo- ⇔ Δ3-Isopentény| pyrophosphate
pyrophosphate (carbone 5)

Géranyl
↓ pyrophosphate (carbone 10)

↓ Farnesyl pyrophosphate
(carbone 15)

squalène

HO

OH

HO

OH
Cholestérol OH

Schéma 2. La biosynthèse du cholestérol.

La biosynthèse des hormones stéroïdes commence avec la conversion du cholestérol en prégnénolone. Le cholestérol pénètre d'abord dans les mitochondries où il est hydroxylé de manière séquentielle aux points carbone 20 et carbone 22 ; il s'ensuit un clivage de la liaison entre ces deux sites pour former la prégnénolone. Les trois hormones de l'hypophyse, ACTH, LH et FSH, sont les surveillants généraux de la biosynthèse des stéroïdes. La première étape de la conversion du cholestérol en prégnénolone est schématisée ci-dessous.

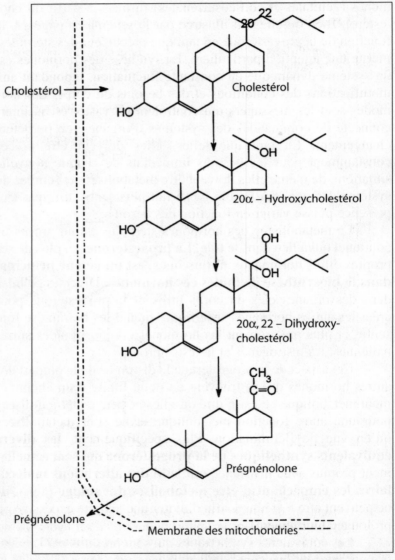

Schéma 3. Biosynthèse de la prégnénolone.

La progestérone,
précurseur des hormones stéroïdes

On appelle hormones stéroïdes, ou stéroïdes, un groupe d'hormones (génitales et corticosurrénales) formées à partir du cholestérol. Bien qu'elle soit illustrée par le schéma en page 24, la fonction de la progestérone en tant que précurseur des stéroïdes, mérite une attention particulière. La synthèse des hormones est un système dynamique en constante fluctuation, répondant aux modifications des conditions et des besoins du corps. Les hormones sont les messagers qui contrôlent un vaste réseau interconnecté de commandes des systèmes d'organes, en perpétuel changement. En tant que telles, elles doivent être créées constamment pour les besoins immédiats de chaque nouvelle situation ; de même elles doivent être métabolisées et retirées du système dès que leur besoin ne se fait plus sentir afin que leur présence puisse varier en fonction des besoins.

Le métabolisme des hormones stéroïdes est un processus continuel qui a lieu dans le foie. **La progestérone**, en plus de ses propres effets hormonaux intrinsèques, **est un acteur principal dans la biosynthèse de toutes ces hormones.** Diverses cellules dans des organes clés du corps utilisent la progestérone pour créer les autres hormones spécifiques quand les besoins se font sentir, et plus précisément les hormones corticostéroïdes surrénaliennes, les œstrogènes et la testostérone.

Cet aspect de la progestérone la distingue de la plupart des autres hormones qui se trouvent au point limite d'un cheminement métabolique ; c'est-à-dire qu'elles ne peuvent être utilisées pour une autre fonction métabolique et ne sont métabolisées qu'en vue de l'élimination. Plus spécifiquement, **les divers équivalents synthétiques de la progestérone** qui sont actuellement promus avec insistance **ont subi des altérations moléculaires les empêchant d'être métabolisés davantage** (ainsi, ils ne peuvent être « éteints » afin d'éviter une activité excessive ou prolongée inutilement).

Les équivalents synthétiques qui sont produits par l'industrie pharmaceutique sont commercialisés avec force ; ils sont en effet brevetables et ainsi plus profitables. Malheureusement les altérations moléculaires sont porteuses d'effets secondaires potentiels indésirables. Cependant, cela ne semble pas décourager leur mise sur le marché. Les médecins, qui sont les cibles de l'envahissante publicité pharmaceutique (et qui ignorent l'existence de la progestérone naturelle), ont tendance à adhérer à la pression du marché.

De même qu'il est nécessaire d'ingérer des protéines (c'est-à-dire une quantité adéquate d'acides aminés essentiels) pour la production des hormones peptidiques et des enzymes, la progestérone naturelle est nécessaire pour une production équilibrée d'hormones stéroïdes. Afin de venir à bout des pratiques du marché et, remettre la progestérone naturelle à sa juste place dans la pratique médicale, il faudra toute une rééducation venant des médecins et des patients quand à son rôle important et varié.

En résumé, cette précieuse hormone maintient l'endomètre dans sa phase sécrétoire, elle est essentielle pour la survie et le développement de l'ovule fécondé, elle protège contre les effets secondaires des œstrogènes, elle est un important précurseur dans la biosynthèse des autres hormones sexuelles et des corticostéroïdes surrénaliens ; le niveau de son activité en réponse aux besoins du corps est contrôlé par l'équilibre entre d'un côté sa production à partir du cholestérol et de l'autre côté par son métabolisme et son élimination par le foie (voir schéma).

Configuration moléculaire et effets biologiques

Comme nous pouvons le voir, la progestérone est un élément clé par son rôle de précurseur des stéroïdes surrénaliens, de la testostérone et des œstrogènes. Au premier coup d'œil la majorité des lecteurs est impressionnée par ce qui semble être une remarquable ressemblance entre les « châssis » moléculaires de tous ses composés. Ils sont tous constitués de quatre anneaux similaires aux anneaux portant des lettres de la configuration du cholestérol. La progestérone et la testostérone ne diffèrent que par le fragment moléculaire attaché au point C-17 (la pointe de l'anneau D). En particulier, l'anneau A de chaque molécule contient de l'oxygène en double liaison en C-3 et une double liaison entre

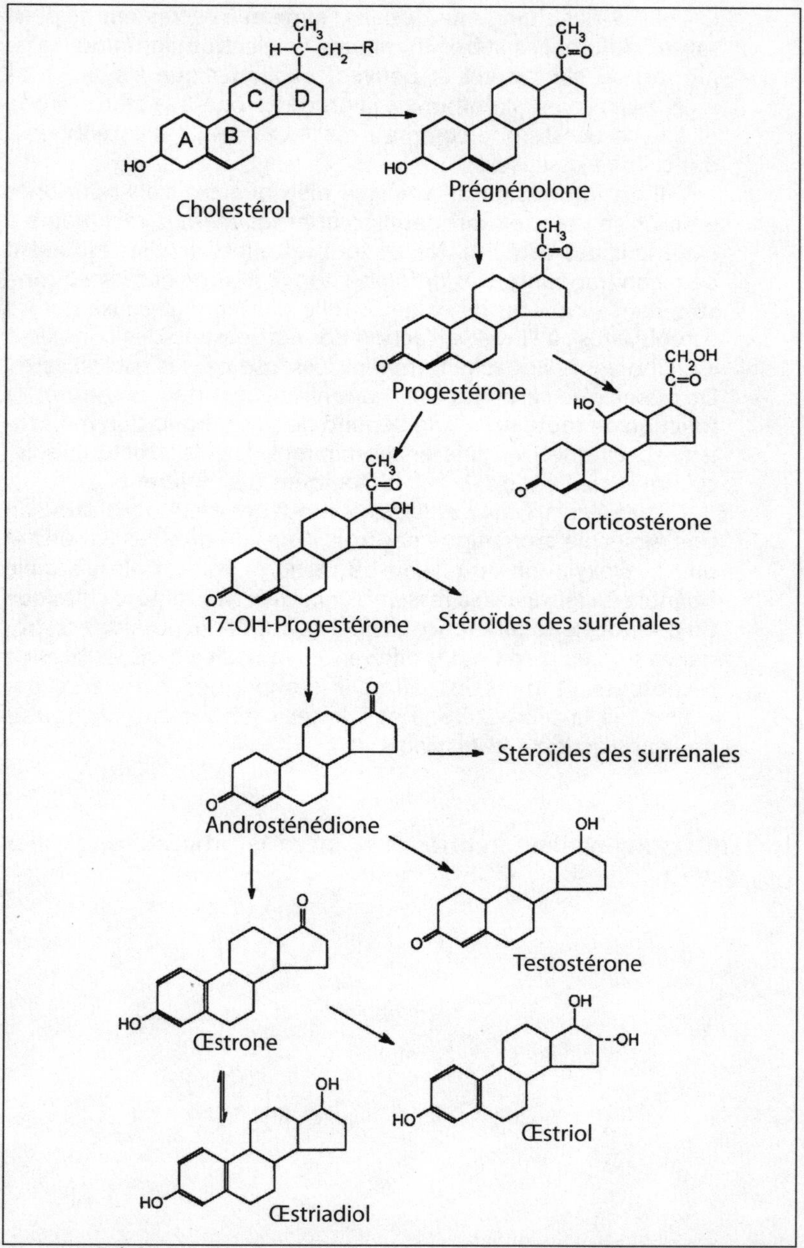

Cholestérol

Prégnénolone

Progestérone

Corticostérone

17-OH-Progestérone

Stéroïdes des surrénales

Androsténédione

Stéroïdes des surrénales

Testostérone

Œstrone

Œstriol

Œstriadiol

Schéma 3. Biosynthèse des hormones sexuelles et surrénaliennes.

C-4 et C-5. Ces changements dans l'anneau A entraînent de puissantes différences stéréochimiques et électromagnétiques par rapport au cholestérol et peuvent expliquer que les sites des récepteurs soient communs à la progestérone, à la testostérone et à la corticostérone comme c'est le cas dans les ostéoblastes des cellules osseuses.

Il est intéressant de voir que bien que ces trois hormones entrent en compétition pour occuper les mêmes récepteurs à l'intérieur des ostéoblastes, et sont les effets qu'elles induisent de façon frappante, très différents. Progestérone et testostérone stimulent toutes les deux la nouvelle formation osseuse par les ostéoblastes ; à l'inverse, l'action des corticostéroïdes consiste à « éteindre » la nouvelle formation osseuse par les ostéoblastes. De même que certaines clefs commandent certaines serrures, la fonction de toute hormone dépend de sa configuration moléculaire spécifique. Des différences minimes dans la structure moléculaire entraînent des effets biologiques très différents.

Par ailleurs, l'anneau A des œstrogènes a été transformé en une molécule aromatique par trois séries de doubles liaisons et une hydroxylation au niveau du carbone 3, il est alors appelé phénolé en raison de sa ressemblance avec la structure chimique du phénol. Cette différence majeure dans l'anneau A des œstrogènes signifie qu'il y a des différences majeures dans les sites de récepteurs et dans les effets métaboliques comparés par exemple à la progestérone et à la testostérone, qui ont toutes deux une action anti-œstrogènes.

Regardons maintenant la différence entre la progestérone et les progestatifs.

Chapitre 3

QUE SONT LES PROGESTATIFS ?

On définit souvent les progestatifs comme étant n'importe quel composé capable de maintenir la phase sécrétoire de l'endomètre humain. Ainsi, de nombreux auteurs vont inclure la progestérone naturelle dans la classe générale des progestatifs. Cependant, la progestérone est la seule hormone de la sorte produite par l'organisme et elle a de nombreuses fonctions importantes qui ne sont pas fournies par les progestatifs de synthèse. Le problème qui existe autour de la reconnaissance du caractère unique de la progestérone est aggravé par l'erreur sémantique courante consistant à inverser le concept de classe d'hormones ; c'est-à-dire que de nombreux auteurs suivent un schéma qui consiste à considérer les progestatifs comme faisant partie de la classe générale des progestérones, apparemment sans se rendre compte qu'il n'y a qu'une seule progestérone, la molécule spécifique fabriquée par les ovaires. La confusion générale est aggravée par les auteurs européens qui font référence aux progestatifs sous le terme gestagène alors que d'autres utilisent le terme progestagène. Pour mettre les idées au clair, **je choisirai de définir les progestatifs comme étant tout composé, autre que la progestérone naturelle, capable de maintenir la phase sécrétoire de l'endomètre humain.**

Ainsi, ce chapitre expliquera pourquoi la supposition

actuellement prédominante selon laquelle les progestatifs de synthèse sont équivalents à la progestérone naturelle est injustifiée. Un exemple plutôt évident est le fait que la progestérone est nécessaire à la survie et au développement de l'embryon et ce pendant toute la gestation alors que le *Provera*, le progestatif le plus communément prescrit aux États-Unis, s'accompagne d'un avertissement selon lequel son utilisation en début de grossesse peut augmenter les risques d'avortement précoce ou de malformations congénitales du fœtus. Cela n'est qu'une différence parmi de nombreuses autres entre la progestérone et les sept progestatifs de synthèse les plus couramment prescrits. Deux d'entre eux sont synthétisés à partir du noyau carbone 21 de la progesté-rone et les cinq autres à partir du noyau carbone 19 de la nortestostérone.

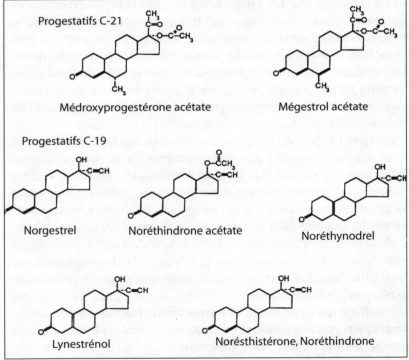

Schéma 4. Configuration moléculaire des différents progestatifs.

Le lecteur notera que les configurations des progestatifs pharmaceutiques n'apparaissent pas dans le schéma de biosynthèse des figures 2 et 3. Le fait est qu'on ne les trouve dans aucune forme vivante. Ce sont des dérivés synthétiques, provenant habituellement de la progestérone elle-même ou de la testostérone ; ils peuvent être synthétisés de toutes pièces mais cela est plus coûteux et donc peu répandu. Notez que les différences avec la progestérone sont relativement mineures mais néanmoins significatives. Les atomes insérés à des positions inhabituelles vont inhiber le métabolisme de ces molécules et prolonger leur activité ainsi qu'induire des actions qui ne sont pas compatibles avec celles de la progestérone naturelle.

On fait parfois une distinction entre les progestatifs C-21 et C-19. Les agents C-21 (ayant un noyau de progestérone à 21 molécules de carbone) ont peu ou pas d'effet sur les lipides alors que l'on pense que les agents C-19 (ayant un noyau de nortestostérone à 19 molécules de carbone) réduisent l'effet bénéfique présumé des œstrogènes sur les lipides. Certains auteurs, pris dans la confusion sémantique entre progestatifs et progestérone, ont écrit par erreur que la progestérone peut avoir un effet défavorable sur les lipides sériques alors qu'en fait ce n'est pas le cas[1]. En général, la progestérone a un effet bénéfique d'amélioration des profils lipidiques du sérum [2].

Les progestatifs C-21 et C-19 sont bien absorbés lorsqu'ils sont appliqués sur la peau [3,4], une propriété que partagent aussi la progestérone naturelle, les œstrogènes et la testostérone. Tous sont des composés solubles dans les lipides, relativement petits et qui passent à travers le derme (peau) facilement et efficacement. Il faut rappeler que l'administration orale se traduit par l'absorption et le transport vers le foie où a lieu le stockage et une éventuelle élimination par la bile. Les hormones naturelles sont plus rapidement métabolisées et éliminées que leurs contreparties synthétiques.

Ceci doit être clair : **le corps central des hormones synthétiques** (particulièrement l'anneau A) **reste identique à la progestérone** ou à la nortestostérone et ainsi ces composés vont vraisemblablement se lier aux mêmes récepteurs que les hormones naturelles. **Cependant, les modifications** (par exemple les groupes acétate ou éthinyle) liées au site C-17 **vont transmettre un autre « message » à la cellule cible.** Cela explique sans aucun doute la liste alarmante et impressionante d'avertissements, de contre-indications, de précautions d'emploi et d'effets indésirables, dont aucun ne fait partie des caractéristiques de la progestérone. De plus, tous les progestatifs sont différents par leur puissance, l'effet « progestérone », les effets « anti-progestérone », les effets « œstrogène », les effets « anti-œstrogène », les effets androgéniques (masculinisants), et beaucoup d'autres. Il est ainsi vraisemblable qu'ils se différencient aussi de la progestérone quand à son effet bénéfique sur la construction osseuse.

De nombreux médecins pensent par erreur qu'un progestatif tel que le Depo-Provera (médroxyprogestérone acétate) est d'une certaine manière identique à la progestérone et par conséquent ils pensent que la progestérone a les mêmes effets secondaires que le Provera, alors qu'en fait la progestérone n'a pas d'effets secondaires. Lorsque Hargrove et ses collègues (1989) ont comparé la progestérone prise par voie orale avec la médroxyprogestérone acétate prise en combinaison avec des œstrogènes en thérapie hormonale pour des femmes en période de ménopause, ils ont trouvé une meilleure amélioration symptomatique, un meilleur profil lipidique, une aménorrhée sans prolifération endométriale ou hyperplasie et une absence d'effets secondaires dans le groupe recevant la progestérone [2]. Les dix femmes du groupe prenant l'œstradiol et la progestérone ont souhaité continuer leur traitement hormonal alors que deux femmes sur les cinq qui utilisaient l'association œstrogène/médroxyprogestérone acétate ont demandé l'arrêt de leur traitement hormonal à cause des effets secondaires.

Afin de mieux se rendre compte des effets secondaires des progestatifs, il serait instructif de passer en revue les pages du *Physicians Desk Reference* (PDR)* concernant la médroxyprogestérone acétate. Voici une liste abrégée provenant du PDR de 1993.

* Le PDR est aux États-Unis ce que le Vidal est en France (NDLT).

Effets secondaires potentiels
de la médroxyprogestérone acétate

AVERTISSEMENTS

Risque accru d'anomalies de naissance telles que des anomalies du cœur et des membres si la prise a lieu pendant les quatre premiers mois de la grossesse.

Des chiens beagle à qui on a donné ce médicament ont développé des nodules mammaires malins.

Cesser la prise de ce médicament s'il y a perte de vision soudaine ou partielle.

Ce médicament passe dans le lait maternel, les conséquences en sont inconnues.

Peut contribuer au développement d'une thrombophlébite, une embolie pulmonaire et thrombose cérébrale.

CONTRE-INDICATIONS

Thrombophlébite, désordres thrombo-emboliques, apoplexie cérébrale ; dysfonctionnement ou maladie du foie ; malignité connue ou suspectée des seins ou des organes génitaux ; saignement vaginal non étiqueté ou sensibilité connue.

PRÉCAUTIONS D'EMPLOI

Peut causer rétention d'eau, épilepsie, migraines, asthme, dysfonctionnement cardiaque ou rénal.

Peut causer des saignements ou des irrégularités menstruelles.

Peut causer ou contribuer à la dépression.

L'effet d'une utilisation prolongée de ce médicament sur le fonctionnement de hypophyse, des ovaires, des surrénales, du foie ou de l'utérus est inconnu.

Peut diminuer la tolérance au glucose ; les patients diabétiques doivent être suivis sérieusement.

Peut accroître les désordres liés à une thrombose associée à la prise d'œstrogènes.

EFFETS INDÉSIRABLES

Peut causer une sensibilité des seins et une galactorrhée.

Peut causer des réactions de sensibilité telles qu'urticaire, prurit, œdème ou éruption.

Peut causer de l'acné, de l'alopécie et de l'hirsutisme.

Œdème, modifications du poids (augmentation ou réduction).

Érosions cervicales et modifications des sécrétions cervicales.

Jaunisse due à une choléstase.

Dépression mentale, pyrexie, nausée, insomnie ou somnolence.

Réactions de type anaphylactique et anaphylaxie (réactions allergiques aiguës et sévères).

Thrombophlébite et embolie pulmonaire.

Saignements, aménorrhée ou modifications des règles.

**S'il y a association avec des œstrogènes,
on a pu observer ce qui suit :**

Élévation de la pression sanguine, maux de tête, vertiges, nervosité, fatigue.

Modification de la libido, hirsutisme et perte des cheveux, diminution des taux d'hormones thyroïdiennes (T 3).

Syndrome de type prémenstruel, modifications de l'appétit.

Syndrome de type cystite.

Érythème multiforme, érythème noueux, éruption hémorragique, démangeaisons.

Progestérone naturelle, progestatifs et hypertension

Un des effets secondaires des œstrogènes et des progestatifs qui n'est pas suffisamment reconnu par les médecins est l'effet sur l'hypertension. Crane par exemple a longuement examiné l'effet des œstrogènes, des progestatifs et de la progestérone sur l'influx intracellulaire du sodium et sur le système rénine-aldostérone [5,6]. En situation de bonne santé, la membrane d'une cellule transférera de façon sélective le potassium et le magnésium vers la cellule en la protégeant contre l'influx de sodium.

On sait depuis 1972 au moins que les œstrogènes favorisent la rétention d'eau et de sel, augmentant ainsi le risque d'hypertension, et que les contraceptifs oraux (une combinaison d'œstrogènes et de progestatifs) augmentent l'activité de la rénine plasmatique. La rénine est une hormone fabriquée par les reins et qui favorise la conversion d'angiotensinogène en angiotensine I qui, après avoir été hydrolysé en sa forme active (angiotensine II), stimule les surrénales pour produire l'hormone aldostérone, un minéralocorticoïde. L'aldostérone à son tour stimule la rétention de sodium par résorption dans les tubules de collection des reins et favorise la perte de potassium. Cela représente le système rénine-aldostérone qui augmente la pression artérielle. En cas de sévère restriction sodée, ce système est activé par le corps afin d'éviter une chute indésirable de la tension sanguine.

La progestérone naturelle, en revanche, est connue pour produire une diurèse sodique avec augmentation secondaire du taux d'élimination d'aldostérone, c'est-à-dire un effet « anti-aldostérone » protégeant contre l'hypertension. Crane et d'autres [7,8] ont trouvé que tous les œstrogènes testés augmentaient le substrat plasmatique de la rénine et la rétention d'eau et de sodium avec des effets variables sur l'activité de la rénine plasmatique ; et tous augmentaient le taux d'élimination de l'aldostérone. Les quatre progestatifs testés avaient une action très variée : la noréthindrone avait des effets œstrogéniques et deux autres (médroxyprogestérone acétate et éthynodiol acétate) avaient une action de suppression de la production d'aldostérone, cela étant interprété comme un effet minéralocorticoïde de la part de ces hormones stéroïdes. Aucun des progestatifs n'avait une action équivalente à la progestérone naturelle quant à son effet sur le système rénine-aldostérone.

Lorsqu'on testa son effet sur la rétention de sodium, l'administration de progestérone produisit une élimination de sodium alors que les quatre progestatifs augmentaient la rétention de sodium. Ainsi, lorsqu'ils sont combinés à des œstrogènes comme c'est le cas dans les contraceptifs oraux, **les progestatifs augmentent le risque d'hypertension alors que la progestérone protège contre celui-ci**. Ce n'est qu'un exemple parmi d'autres illustrant les différences significatives entre la progestérone et les progestatifs.

Pourquoi utilise-t-on les progestatifs de synthèse à la place de la progestérone ?

Avec tout ce que l'on sait sur les très grandes différences d'action et de sécurité d'emploi entre la progestérone et les progestatifs de synthèse, comment se fait-il que ces derniers occupent un rôle dominant dans la supplémentation en progestérone ? La réponse est liée à leur utilisation dans la pilule contraceptive. Le double obstacle à une activité sexuelle illimitée, surtout par de jeunes adultes sans attachement, fut d'une part la peur d'une grossesse non souhaitée et d'autre part la peur de contracter une maladie vénérienne. Dans les pays industrialisés de l'Occident, le développement de l'automobile a privé les jeunes de leurs chaperons habituels. L'avènement de la pénicilline et des traitements apparemment faciles pour la blennoragie et la syphilis ont banni cette peur des maladies vénériennes. Pour permettre l'explosion du mouvement pour la liberté sexuelle il ne manquait plus qu'un contraceptif pratique, efficace (et discret). Ainsi, tout était en place pour l'avènement des progestatifs.

Dès que l'on a pu obtenir de la progestérone (à partir de plantes) en quantités suffisantes pour satisfaire la recherche agressive des industries biochimiques privées, il n'a pas fallu longtemps avant le développement des progestatifs oraux de synthèse hautement efficaces. Il faut rappeler que la maturation mensuelle d'un follicule ovarien a lieu dans chaque ovaire jusqu'à ce que l'ovulation ait lieu dans l'un d'eux, créant ainsi le corps jaune qui est responsable de la montée d'une production importante de progestérone. Cette montée de progestérone a comme effet parmi d'autres de bloquer l'ovulation dans l'autre ovaire. (Ce qui explique que la naissance de faux jumeaux ne se produise que pour une grossesse sur 300.) S'il y a une production suffisante de progestérone avant l'ovulation, aucun des ovaires ne produit d'ovule. Cette inhibition de l'ovulation est le mécanisme premier (ou initial) de l'action des progestatifs en vue de la contraception.

Au fur et à mesure que l'expérience liée à l'utilisation de cette forme de contraception s'accumulait et que les effets secondaires évidents se faisaient sentir, on fit des études avec des dosages de plus en plus faibles. On découvrit que l'on pouvait obtenir une contraception efficace avec moins d'effets secondaires avec des dosages aussi faibles que 0,5 mg de noré-thin-drone ou 0,3 mg de norgestrol (des progestatifs de synthè-se), par exemple. Ces faibles dosages sont suffisants pour sup-primer les gonadotropines afin que la production d'hormones ovariennes soit stoppée ; cela a comme conséquence un endo-mètre inhospitalier (pour l'ovule fécondé), des sécrétions cervi-cales plus épaisses (rendant le passage du sperme plus difficile) ainsi que l'inhibition de l'ovulation.

Les avantages attribués aux progestatifs étaient dus à (1) leur facilité d'emploi (comprimé oral), (2) leur activité uniforme (contraception garantie), (3) une durée d'action plus longue (incapacité du corps à les métaboliser), et (4) un produit breve-table (donc profitable). Rappelez-vous qu'à cette époque la sup-plémentation en progestérone consistait en injections onéreuses et douloureuses ou en l'administration de suppositoires rectaux ou vaginaux. Les longues listes d'effets indésirables et poten-tiellement sérieux des progestatifs sont consciencieusement imprimées dans le PDR et sur les notices des produits, habituel-lement en caractères si petits que seuls les liraient les plus curieux et les personnes ayant une bonne vue. Personne ne vou-lait vraiment en prendre connaissance à cause de ce qui était pro-posé : une activité sexuelle sans risque de grossesse.

Puis vint le problème de la supplémentation en œstro-gènes. Pendant les années 1970, il devint manifeste que les femmes ménopausées prenant seulement des œstrogènes pour les bouffées de chaleur, la prévention de l'ostéoporose ou autre chose, avaient un risque accru de cancer de l'endomètre [9,10]. Cela arrivait rarement ou pratiquement jamais pendant les années de fécondité, lorsque les niveaux d'œstrogènes et de progestérone endogènes étaient normaux. Des expériences sur des femmes ménopausées consistant à leur donner une thérapie hormonale combinée (utilisant à la fois des œstrogènes et de la progestérone) ont montré que le cancer de l'endomètre induit par les œstrogènes pouvait être largement évité. Vers le milieu des années soixante-dix, une conférence reflétant l'opinion générale et donnée à la Clinique Mayo concluait que l'on ne devait jamais donner à une femme avec un utérus intact des œstrogènes sans aussi donner de la progestérone ou un progestatif afin de la protéger du cancer de l'endomètre. Il en résulta que l'on étendit le marché des progestatifs à toutes les femmes, qu'elles soient réglées ou ménopausées ! Il est difficile d'en exagérer les implications financières.

Une question rarement discutée est la suivante : s'il n'est pas sage d'administrer des œstrogènes non contrebalancés par de la progestérone après la ménopause, pourquoi ne serait-il pas aussi peu sage de permettre aux œstrogènes endogènes de ne pas être contrebalancés par de la progestérone pendant ou avant la ménopause ?

Une complication supplémentaire, cependant, fut amenée par le rapport Bergvist et al en 1989 qui montra de façon convainquante que l'administration d'œstrogènes (tout au moins d'œstradiol) combinée avec un progestatif « semble être associée avec un accroissement léger du risque de cancer du sein, qui n'est pas empêché et peut même être augmenté par l'addition de progestatifs. » Cela n'a pas ralenti le mouvement pour l'utilisation des progestatifs. (La progestérone naturelle, comme nous le verrons au chapitre 11, aide à prévenir le cancer du sein.)

La situation présente concernant les progestatifs n'est pas difficile à comprendre. On vante la progestérone modifiée chimiquement comme un moyen commode de prévention de la grossesse et du cancer de l'endomètre, ainsi que le traitement de choix d'une liste de plus en plus longue de plaintes féminines. Les universitaires généreusement financés et soutenus par l'industrie considèrent la ménopause, les bouffées de chaleur, les modifications d'ordre émotionnel et l'ostéoporose comme étant simplement le résultat de maladies de déficiences hormonales facilement traitées avec des produits chimiques pharmaceutiques pour lesquels ils sont, eux les scientifiques de la santé, les maîtres fournisseurs. Les femmes, bien sûr, n'apprécient pas que leurs vies soient réduites à de simples désordres ou maladies. Elles ont raison d'en être désolées. Mais elles devraient aussi être désolées que le « rééquilibrage » hormonal qu'on leur fait subir utilise des versions synthétiques et anormales des produits véritables alors que les hormones naturelles sont disponibles, plus sûres et plus appropriées pour leur corps.

Les progestatifs sont-ils la voie de l'avenir ? Nous ne l'espérons pas. Lorsqu'une thérapie hormonale est indiquée, nous devrions avoir pour but d'administrer les hormones naturelles. On peut considérer qu'en règle générale, lorsqu'il s'agit d'hormones stéroïdes, tout changement dans la configuration moléculaire va altérer les effets de ces hormones. Il devrait être clair que ce sont les impératifs évolutionnaires qui produisent les composés qui nous rendent le meilleur service. Ainsi, la progestérone naturelle est beaucoup plus à même d'être le composé tout indiqué pour rétablir des niveaux appropriés d'hormones, si le cas se présente.

Chapitre 4

LA DANSE DES STÉROïDES

Pour comprendre les hormones stéroïdes nous devons nous aventurer dans l'invisible. Les hommes ont la capacité de pouvoir créér la réalité au-delà de leur expérience normale. En fait nous le faisons tout le temps avec la musique, les livres, les histoires pour enfants, notre imagination, les rêves, et bien sûr, particulièrement dans le domaine de la science. La science est véritablement l'art de « voir » des forces et des éléments qui sont invisibles pour nos cinq sens. Aucun scientifique n'a jamais vu un atome et pourtant il évoque une image afin de les comprendre. Il sait que la nature essentielle de la matière est en réalité une sorte de force électromagnétique et que la solidité apparente de la matière est une perception qui découle des limites de notre appareil sensoriel. Einstein a changé la conception que l'homme avait de la réalité avec son équation : $E = MC^2$, dans laquelle E représente l'énergie, M la masse et C la vitesse de la lumière. Nous savons que les atomes peuvent s'assembler pour former des molécules ; et dans la nature de leur liaison est impliqué le mystère du partage des électrons. Mais grâce aux règles que nous tirons des forces cachées de Dame Nature, nous apprenons à comprendre, à utiliser et même à créer des molécules. Dans ce chapitre je vais essayer de décrire le monde des molécules biologiques que nous appelons les stéroïdes. J'appelle cette vision la danse des stéroïdes ; imaginez leur activité accompagnée de musique.

Premier mouvement : *Andante con moto*

Il existe un pays, proche mais lointain à la fois, où des millions de travailleurs très affairés exécutent le travail du corps avec une belle harmonie fluide mais complexe. Ce sont les hormones stéroïdes, fabriquant des produits pour subvenir à nos besoins, et stabilisant, énergisant et nourrissant nos cellules et nos tissus ; ils assurent la réparation et la reproduction de parties vitales de notre corps ; elles nous protègent contre les dommages ; et pendant une bonne partie de notre vie d'adulte elles encouragent la genèse et le développement d'une vie nouvelle pour perpétuer l'espèce une fois que notre propre corps a cessé d'être. Le paysage est celui d'une ruche en pleine effervescence, active mais en toute harmonie. La vie bat son plein dans un flux d'énergie incessant. Nous sentons l'ampleur de l'activité, le flux et le reflux des rythmes invisibles ainsi que leur complexité difficilement saisissable. Mais en même temps nous sommes conscients qu'il règne ordre, coordination et raison d'être. Malgré la complexité et l'énergie apparentes, il y a un air de majesté et d'intention.

Deuxième mouvement : *Adagio*

Un ensemble de photographies révèle des artisans affairés, des boulangers au pétrin, des potiers à leur tour, des menuisiers au travail, des mères au foyer, des pompiers à leur poste, la police qui veille, les infirmières donnant les soins et une multitude d'activités au-delà de notre compréhension. À première vue tous les travailleurs se ressemblent. En regardant de plus près on peut voir de petites différences parmi les différentes classes de travailleurs. Ils semblent tous être constitués des mêmes parties avec toutefois des petites variations dans la façon dont les parties ont été rassemblées. Nous voyons qu'il n'y a pas d'exeption : les différences mineures existant entre les travailleurs correspondent au travail différent fait par chacun. Alors qu'il ne s'agit que d'hormones stéroïdes, chacune d'elles est élaborée pour faire une tâche précise. Ce qui nous semblait au départ être le chaos n'était que notre manque de compréhension ; la précision et le synchronisme sont d'une importance extrême.

Troisième mouvement : *Allegro con brio*

Un film vidéo capture l'animation d'une myriade d'activités ; l'arrivée des matières premières et le départ des produits finis ; l'arrivée incessante des nouveaux travailleurs et le départ des travailleurs apparemment appelés ailleurs. Hors du champ de la caméra on nous dit que les molécules de cholestérol vont être réarrangées afin de pouvoir entrer dans la scène comme unités de travail. À notre grand étonnement certains ouvriers seront en un clin d'œil brusquement transformés : le boulanger deviendra chef, l'infirmière deviendra pompier, le menuisier deviendra potier sans la moindre discontinuité et sans perdre la mesure. Leur rôle aura été immédiatement réarrangé et leur fonction modifiée simultanément avec l'acquisistion de leur nouvelle forme. Cette transformation magique est accomplie par des globules de protéine chatoyants (enzymes) passant parmi eux, embrassant brièvement chaque ouvrier-molécule sélectionné ; en un éclair d'énergie électromagnétique, ils modifient légèrement les éléments et leur donnent une nouvelle fonction, en donnant à toute la scène une synchronicité d'intention et de raison d'être.

Quatrième mouvement : *Largo maestoso*

Certaines molécules, ayant atteint le point limite dans leur processus de transformation, sont maintenues dans une concentration équilibrée tout en circulant doucement le long d'un courant invisible vers des lieux distants (le foie) où, une fois leur travail fait, elles sont unies (conjuguées) à des sels biliaires et emportés silencieusement loin de notre champ de vision. Les scientifiques diraient qu'elles sont rendues inactives par hydroxylation (s'il s'agit d'œstrogènes) ou hydrogénées et conjuguées avec de l'acide glucuronique (dans le cas de la progestérone) en vue de l'élimination par la bile. Sur la périphérie de notre scène prise en vidéo il y a un continuel influx magique de nouvelles unités de travail en nombre suffisant pour pallier à la montée et au déclin de leurs fonctions essentielles. Ainsi, les excès et/ou les déficiences sont évités et une impression d'ordre se répand. Le schéma 5 remplit maintenant l'écran.

Le cycle évolutif des stéroïdes

Observons le schéma 5 ; ce schéma évolutif commence en haut à gauche avec la prégnénolone, elle-même dérivée du cholestérol. Le flux avance vers la DHEA ou vers la progestérone conduisant à des points-limites métaboliques apparaissant au bas de la page ou sur la droite de la feuille. Il s'agit du cortisol, de l'aldostérone et de l'œstriol. Toutes les autres molécules peuvent être converties en une autre molécule. La testostérone, par exemple, peut être un précurseur de l'œstradiol ; l'androsténédione peut être un précurseur soit de la testostérone soit de l'œstrone. L'œstrone et l'œstradiol peuvent se transformer l'un dans l'autre par un système d'oxydo-réduction situé dans le foie. La progestéone est un précurseur pour plusieurs cheminements métaboliques : l'un menant à l'androsténédione puis aux œstrogènes et à la testostérone, un autre au cortisol, un autre encore à la corticostérone et à l'aldostérone. De façon similaire, la DHEA est un précurseur dans le cheminement menant à la testostérone et à l'androsténédione, ce dernier menant aux œstrogènes mais pas aux corticostéroïdes.

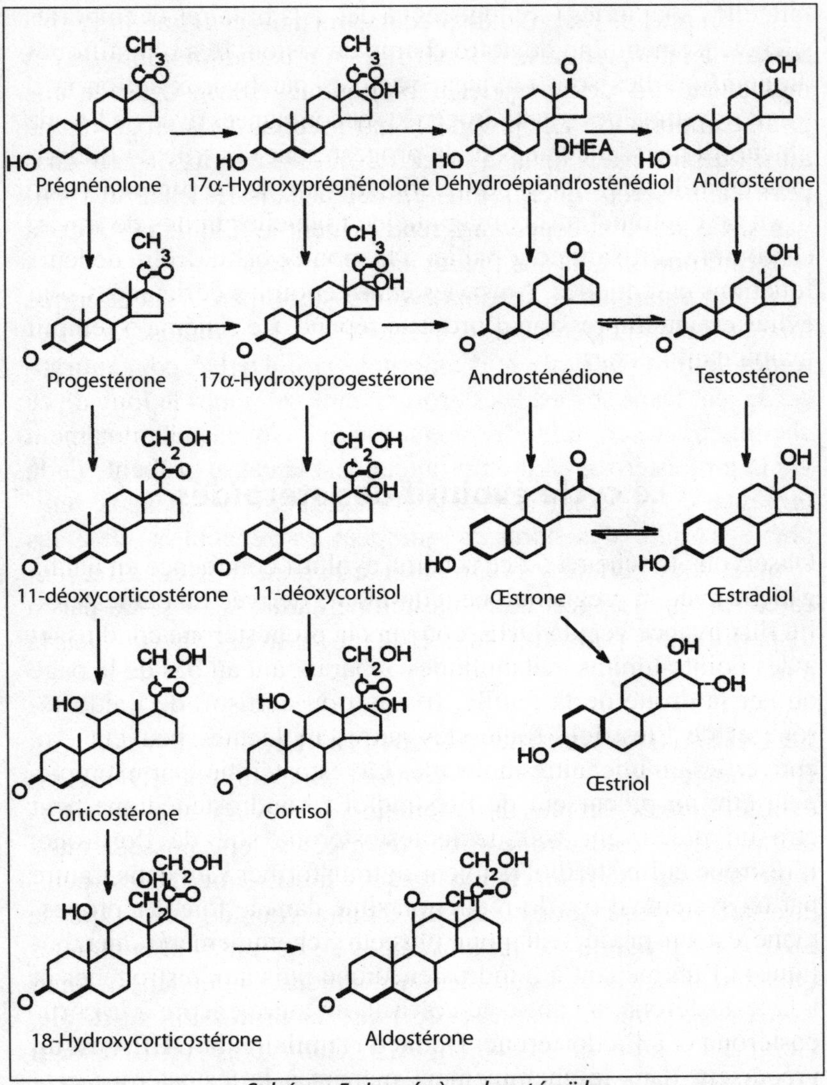

Schéma 5. La génèse des stéroïdes

Comparez avec le schéma 1 p. 16. On remarque que la DHEA est une alternative dans le passage de l'androsténédione vers les hormones sexuelles.

En plus de leur rôle de précurseurs dans ces cheminements menant à la biosynthèse des stéroïdes, un certain nombre de ces molécules ont des propriétés biologiques intrinsèques d'une grande importance. Les propriétes intrinsèques de la progestérone ainsi que ses effets dans la procréation sont décrits dans le chapitre 2. Ils seront décrits plus en détail dans les chapitres suivants. Ce schéma, cependant, rend évident le rôle de pivot de la progestérone en tant que précurseur stéroïdien.

En regardant ce schéma évolutif stéroïdien, il est clair que lorsque la progestérone est déficiente, la biosynthèse des stéroïdes se fera par la route d'emprunt via la DHEA pour rattrapper le jeu. Dans ce cas, les stéroïdes androgéniques le long de ce cheminement seront plus dominants que lorsque le cheminement via la progestérone était emprunté. C'est la cause probable de la présence de poils sur le visage et de la perte de cheveux semblable à celle des hommes qui peut se rencontrer chez les femmes d'un certain âge. On observe la preuve de cet effet renforcé lorsque l'apport de progestérone naturelle se solde par la disparition des poils du visage et la repousse des cheveux sur la tête.

La DHEA, une hormone importante

Récemment, le rôle de la déhydroépiandrostérone (DHEA) a éveillé l'intérêt. En plus de sa fonction de précurseur dans la formation de la testostérone et des œstrogènes, elle possède aussi toute une variété d'effets biologiques intrinsèques. C'est peut-être une surprise pour beaucoup d'entre vous de savoir que la DHEA est produite par les surrénales en quantités plus grandes que chacun des autres stéroïdes surrénaliens. Cependant sa fonction est quasiment inconnue de toute la profession médicale. Comme l'a rapporté le docteur Alan Gaby dans son livre paru récemment et intitulé *Preventing and Reversing Osteoporosis*, (Comment prévenir et renverser l'ostéoporose), la recherche récente suggère que la DHEA peut être utile pour prévenir et traiter les maladies cardio-vasculaires, des niveaux élevés de cholestérol, le diabète, l'obésité, le cancer, la maladie d'Alzheimer, d'autres troubles de la mémoire, des désordres du système immunitaire, la fatigue chronique et le vieillissement. Au fur et à mesure que la recherche progresse, on trouvera peut-être que la DHEA se joindra à la progestérone, aux œstrogènes et aux corticostéroïdes (et à l'hormone thyroïdienne) comme hormone importante en elle-même, apportant des bienfaits importants, lorsqu'une supplémentation s'avère nécessaire.

La conformité moléculaire est la clé

Le cycle continu de la synthèse des stéroïdes et leur métabolisme final sont le résultat d'une action enzymatique contrôlée par des mécanismes de rétroaction ayant leur origine dans le cerveau limbique (hypothalamus), fruit d'une évolution depuis des temps immémoriaux. Chaque flèche sur le tableau représente le travail d'un enzyme spécifique. Le symbole de la flèche a été choisi parce qu'il indique la direction de l'action. Dans quelques cas seulement une action est réversible ; cela est indiqué par la double flèche. Il est important de se rendre compte que la fonction d'un enzyme (et d'une hormone) dépend de la configuration et de la spécificité précise des molécules concernées. Les enzymes sont des macromolécules d'acides aminés continuellement créées par des catalyseurs modelés par des génomes complexes provenant des chromosomes du noyau et des mitochondries. Ils requièrent généralement, pour leur fonctionnement en tant que catalyseur efficace, des cofacteurs spécifiques sous forme de vitamines et de minéraux. Chaque enzyme n'effectue qu'une seule fonction, telle que la fracture d'une seule liaison chimique en molécules spécifiques en vue de l'insertion ou de la suppression d'un petit fragment moléculaire comme par exemple un ion d'hydrogène, d'oxygène, un radical hydroxyl ou tout autre radical. Les molécules sur lesquelles un enzyme va exercer sa fonction particulière doivent s'adapter, de façon stéréochimique et électromagnétique, à l'intérieur de la structure de l'enzyme. La conformité moléculaire est la clef.

C'est par cet aspect que les stéroïdes naturels se distinguent avec force des progestatifs et des autres composés synthétiques. **Avec des formes moléculaires altérées par l'insertion d'atomes à des positions inhabituelles, les stéroïdes synthé-**

tiques ne subissent pas le contrôle métabolique habituel fourni par nos enzymes. Ainsi, leurs effets ne peuvent ni être modulés ni être arrêtés, et ces composés synthétiques ne peuvent pas non plus être éliminés efficacement par nos mécanismes enzymatiques habituels. **Malgré la publicité qui en est faite, les hormones synthétiques ne sont pas équivalentes aux hormones naturelles.** Harmonie et équilibre, les deux signes d'un métabolisme en bonne santé, sont perdus lorsque des composés synthétiques biologiquement actifs (y compris les xéno-œstrogènes – œstrogènes en provenance de l'environnement, dérivés de la pétrochimie) sont jetés dans la danse des stéroïdes. Les dommages qu'ils peuvent créer dans le flux et le reflux normal des stéroïdes vitaux devraient paraître évidents en regardant le schéma 5 page 51.

Chapitre 5

LA PROGESTÉRONE
ET LE CYCLE MENSTRUEL

Le cycle menstruel féminin fait l'objet de recherches scientifiques depuis 1890. Le mot qui le désigne vient du mot grec « mois » qui lui-même est dérivé d'une racine plus ancienne signifiant « lune », c'est-à-dire la période pendant laquelle la lune croît et décroît, passant d'une nouvelle lune à une autre. Malgré un siècle d'études, la compréhension complète du cycle menstruel nous échappe encore. La nature est plus complexe que nous ne pouvons l'imaginer.

Si nous commençons au moment de l'écoulement du flux sanguin mensuel, nous savons que l'utérus, depuis la puberté jusqu'à la ménopause, prépare un revêtement intérieur spécialement épaissi et rempli de sang en vue d'une grossesse éventuelle ; si cette grossesse ne survient pas ce revêtement est éliminé. Nous savons aussi que cette préparation et cette élimination se font à des intervalles d'un mois environ. Nous savons que ce cycle utérin est sous le contrôle d'hormones sécrétées par les ovaires, notamment les œstrogènes et la progestérone.

Les œstrogènes (du mot *œstrus* qui signifie chaleur ou fertilité) dominent dans la première semaine environ après les règles, et sont à l'origine de la prolifération de l'endomètre pendant que les follicules ovariens déclenchent le développement d'un ovule pour l'amener à maturité. De plus, les œstrogènes sont à l'origine d'une prolifération de la muqueuse vaginale et des sécrétions de mucus la rendant plus tolérante à la pénétration mâle pendant l'activité sexuelle, et d'une sécrétion accrue des glandes du col de l'utérus. Les œstrogènes sont responsables des modifications qui ont lieu chez les jeunes filles à la puberté, c'est-à-dire la croissance et le développement du vagin, de l'utérus et des trompes de Fallope. Ils entraînent un accroissement des seins par la croissance des canaux et du tissu stromal et par l'augmentation de la masse graisseuse. Les œstrogènes contribuent à la formation des contours féminins et à la maturation du squelette. Ils sont responsables de la croissance des poils axillaires et pubiens et de la pigmentation des aréoles et des mamelons.

Environ douze jours après le début des règles, le niveau croissant d'œstrogènes arrive à son maximum puis diminue dès que le follicule arrive à maturation et juste avant l'ovulation, après quoi le follicule devient le corps jaune (nommé ainsi à cause de son apparence jaune à la surface de l'ovaire). Le corps jaune est le site de production de la progestérone, qui domine dans la deuxième moitié du cycle menstruel, atteignant un pic de production de 20 mg environ par jour. La production de progestérone pendant la deuxième phase du cycle est à l'origine du développement de l'endomètre sécrétoire c'est-à-dire qu'il est davantage rempli de sang en vue d'une éventuelle fécondation. De plus, la progestérone a une influence sur les glandes endocervicales, transformant des sécrétions aqueuses en rares sécrétions visqueuses. (Si on permet au mucus cervical de sécher sur une plaque de verre on voit apparaître un dessin en forme de « fougère » pendant la période où les œstrogènes sont dominants ; ce dessin ne se voit pas en période de dominance en progestérone.) L'augmentation de la progestérone au moment de l'ovulation a aussi un effet thermogène, entraînant une augmentation de la température corporelle d'un degré Fahrenheit environ ; cet événement est utilisé pour déterminer le moment de l'ovulation. S'il n'y a pas de grossesse dans les 10-12 jours après celui-ci, les niveaux d'œstrogènes et de progestérone tombent brusquement, entraînant la perte de la paroi sécrétoire de l'endomètre, autrement dit les règles, et le cycle recommence à nouveau. S'il y a grossesse, la production de progestérone augmente et cette perte de l'endomètre est empêchée, préservant ainsi l'embryon en développement. Au fur et à mesure que la grossesse avance, le placenta produit la progestérone à la place du corps jaune et les quantités augmentent progressivement jusqu'à 300-400 mg par jour pendant le premier trimestre.

Le contrôle de l'hypothalamus

Ainsi, les augmentations et les baisses d'œstrogènes et de progestérone tout au long du mois expliquent les événements de la menstruation. Mais qu'est-ce qui détermine les mouvements cycliques de ces deux hormones produites par les gonades ? Ils sont en effet contrôlés par deux hormones gonadotropes sécrétées par l'hypophyse : la gonadotropine A (ou FSH de l'anglais *follicle stimulating hormone*) et la gonadotropine B (ou LH de l'anglais *luteinizing hormone*). Autrement dit, la FSH incite les ovaires à fabriquer des œstrogènes, favorise la maturation du follicule et en même temps sensibilise les récepteurs des follicules à la LH ; la LH, en revanche, augmente un ou deux jours avant l'ovulation, atteignant un pic au moment de l'ovulation, puis diminue vertigineusement dès que le corps jaune produit la progestérone.

Reste maintenant la question : qu'est-ce qui détermine la merveilleuse synchronisation entre FSH et LH ? La réponse se trouve dans l'hypothalamus, situé à l'intérieur du cerveau limbique. Ce merveilleux noyau neural, situé dans le cerveau juste au-dessus de l'hypophyse, contrôle non seulement les niveaux sériques d'œstrogènes et de progestérone mais aussi les différents effets de ceux-ci sur l'organisme, et avec un parfait chronométrage, produit et envoie à l'hypophyse (via des canaux spéciaux semblables à des veines) une hormone peptide constituée de dix acides aminés et appelée *gonadotropine releasing hormone* (GnRH) responsable de la sécrétion de l'une ou des deux gonadotropines, FSH et LH. Jusqu'à ce jour on ne sait pas comment une seule hormone hypothalamique peut contrôler à la fois la FSH et la LH. Les variations dans les concentrations sanguines de chacune de ces hormones suggèrent soit l'existence d'une autre hormone régulatrice soit des effets complexes de rétroaction impliquant les hormones sexuelles et peut-être d'autres facteurs inconnus liés aux gonades et agissant sur l'hypophyse et/ou l'hypothalamus pour expliquer les différents schémas de libération de chaque gonadotropine.

Vous trouverez page suivante deux schémas illustrant les événements décrits plus haut.

Comme vous pouvez l'imaginer, le complet mécanisme d'action de ce noyau vital à l'intérieur de l'hypothalamus est hors de portée de notre connaissance actuelle. Ce qui peut aider, cependant, c'est de bien comprendre que le cerveau limbique, qui comprend l'hypothalamus, est un centre de contrôle et d'information à rétroaction avec de multiples centres neuraux, partageant et intégrant une myriade de conditions biochimiques, immunologiques, hormonales et émotionnelles. Il fonctionne tel un gigantesque complexe d'ordinateurs avec la capacité de pouvoir formuler et envoyer des messages sous forme de peptides à l'hypophyse aussi bien que de contrôler l'équilibre de notre système nerveux autonome et les immuno-modulateurs et il crée pour nous notre sens des émotions ainsi que leurs réponses physiologiques. Une fois que l'on comprend tout ceci, il n'est pas étonnant de savoir que la menstruation (et un grand nombre d'autres choses) puisse être affectée par les émotions, le stress, l'alimentation, d'autres hormones (l'hormone thyroïdienne par exemple), la maladie ou des médicaments de toutes sortes.

Il est clair que c'est un système avec lequel il vaut mieux ne pas jouer. Pourtant c'est ce qui arrive lorsque des progestatifs sont prescrits. Lorsque les divers récepteurs des hormones sexuelles de l'hypophyse et de l'hypothalamus sont remplis d'hormones modifiées synthétiquement, comme cela se passe avec les pilules contraceptives, le résultat final est d'inhiber la production de ses propres hormones naturelles. Dans le

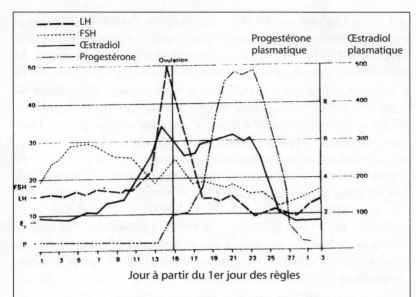

*Schéma 6. Les modifications hormonales
pendant un cycle menstruel normal.*

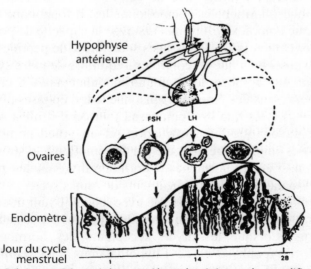

*Schéma 7. Résumé du contrôle endocrinien et des modifications dans
les ovaires et de l'endomètre pendant le cycle menstruel. Les lignes
continues indiquent les effets stimulants et les lignes en pointillés
indiquent les effets inhibiteurs.*

passé, certains de ces médicaments avaient pour conséquence la perte définitive de la fonction ovarienne (« aménorrhée secondaire »), ce qui consternait les femmes qui les avaient utilisés et représentait parfois une véritable tragédie. Les longues listes d'effets secondaires potentiels pour chacun des progestatifs ne semblent pas détourner de leur utilisation. Et mieux encore, l'inhibition de la progestérone et de ses multiples effets bénéfiques décrits dans le deuxième chapitre n'est pas, à l'heure actuelle, prise en compte par les médecins. La progestérone est un acteur principal dans le fonctionnement normal du cycle menstruel. Son absence se manifeste de toute évidence sous forme de maladie. La confusion qui sévit dans l'hypothalamus à cause de l'absence des vraies hormones va se refléter dans la zone neuro-immuno-endocrinologique de ce remarquable centre limbique, produisant des effets qui, très certainement, ne seront pas reconnus par son médecin.

Les cycles anovulatoires

Il existe aussi le problème des cycles anovulatoires. Pour des raisons qui restent à expliquer, une bonne proportion de femmes entre 30 et 40 ans (et certaines encore plus tôt), et longtemps avant la ménopause proprement dite, n'ovulent pas à chaque cycle menstruel. Sans ovulation, il n'y a pas formation de corps jaune et donc pas production de progestérone. Plusieurs problèmes peuvent en résulter. L'un d'eux concerne la présence tout au long du mois d'œstrogènes non contrebalancés avec tous les effets secondaires pouvant en résulter et entraînant le syndrôme prémenstruel. L'autre concerne le rôle généralement non reconnu de la progestérone vis-à-vis de l'ostéoporose. La médecine contemporaine ignore encore généralement que la progestérone stimule la formation d'os nouveau par l'intermédiaire des ostéoblastes. Ces deux sujets vont être traités dans les chapitres qui suivent.

Un troisième problème concerne la relation entre la perte de progestérone et le stress. Le stress influence le fonctionnement du cerveau limbique y compris le fonctionnement de l'hypothalamus. En bref, le stress (et une mauvaise alimentation) peut induire des cycles anovulatoires. Le manque de progesté-rone qui s'ensuit gêne la production de corticostéroïdes par les surrénales, qui nous permettent de répondre au stress. Ainsi, les effets du stress sont augmentés, prédisposant à des cycles ano-vulatoires, l'ultime cercle vicieux. Cela sera aussi discuté dans un chapitre qui suit.

Si l'on considère la complexité et l'hétérogénéité des liens de cause à effet existant dans l'agencement compliqué entre le stress, l'alimentation, le fonctionnement de l'hypothalamus et de l'hypophyse et les hormones normales, l'attitude qui l'emporte actuellement et qui consiste à dire que la santé féminine n'est qu'une question de « déficience » hormonale est très exagérée. Les femmes ont raison d'être contrariées par leur médecin.

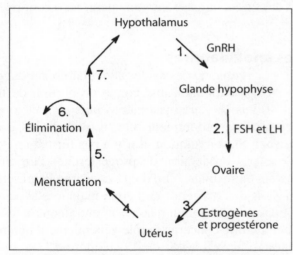

Schéma 8. Étapes de cycle de reproduction

1. Des niveaux faibles d'œstrogènes et de progestérone stimulent l'hy-pothalamus afin qu'il envoie la *gonadotropin releasing hormone* (GnRH) à l'hypophyse.
2. Stimulé par le GnRH , l'hypophyse envoie le FSH (*follicle stimulating hormone* ou gonadotropine A) aux ovaires. Le follicule ovarien produit des œstrogènes pendant que le follicule arrive à maturité. Au terme de 10 jours environ des niveaux élevés d'œstrogènes signalent à l'hypo-

physe de produire le LH (*luteinizing hormone* ou gonadotropine B) en vue de l'ovulation.

3. Avant l'ovulation les œstrogènes sont les hormones dominantes des gonades. Après l'ovulation le follicule devient le corps jaune, produisant la progestérone qui devient l'hormone dominante des gonades pendant la deuxième quinzaine du cycle menstruel.

4. L'endomètre prolifératif sous l'action des œstrogènes passe à la phase sécrétoire grâce à la progestérone. Lorsque le corps jaune régresse et que les niveaux d'œstrogènes et de progestérone tombent, l'endomètre se dépouille de son revêtement intérieur.

5. Les niveaux sériques d'œstrogènes et de progestérone augmentent et diminuent selon la description des étapes 2 à 4.

6. Les œstrogènes et la progestérone sont métabolisés dans le foie et éliminés par la bile et les urines.

7. Les niveaux sériques d'œstrogènes et de progestérone sont déterminés par l'hypothalamus.

Chapitre 6

PROGESTÉRONE ET MÉNOPAUSE

Ah ! la ménopause… C'est ainsi que la nature corrige le cours de la vie d'une femme lorsqu'elle n'a plus besoin de supporter l'embarras des règles, qu'elle est libre d'exercer sa vigoureuse libido sans risquer de tomber enceinte et de devoir assumer la dure tâche de procréer ; c'est la période de sa vie où elle est libérée des soins à donner aux enfants, où elle est encore en bonne santé et pleine de sagesse. Quel beau cadeau de Dame Nature !

Mais, attendez une minute. S'agit-il bien de la même ménopause que nous percevons comme repère à un moment de la vie où la fertilité prend fin, où les bouffées de chaleur et les troubles de l'humeur imprévisibles abondent, où la sécheresse vaginale et les fibromes peuplent la conversation entre amies, où les risques de cancer augmentent, où les os se détériorent avec les fractures dues à l'ostéoporose qui guettent et où la vie commence sa spirale descendante vers la vieillesse et l'infirmité ? Quelle misère !

Ces deux visions si différentes rappellent à notre mémoire cette vieille histoire du politicien à qui on demande son avis sur l'utilisation de l'alcool. Il réponds qu'il sera très content de répondre mais tout d'abord il veut savoir si la personne qui pose la question a en tête l'alcool qui aide à adoucir les problèmes quotidiens, arrondit les angles des mondanités et qui est partagé lors de manifestations joyeuses ; ou s'il s'agit de l'alcool qui embrume l'esprit, empoisonne le corps, entraîne la perte de son emploi, l'oubli de ses responsabilités familiales et qui mène à la dégradation et à la disgrâce. Dites-moi de quel alcool vous parlez, et je vous dirai ce que j'en pense.

Rappelez-vous aussi cette image dans les livres de psychologie qui peut ressembler soit à un vase, soit à une vue de profil de deux visages nez à nez. On peut voir les deux images mais pas en même temps. Dans le cas de la ménopause, comment peut-on réconcilier les deux images ?

Il est parfois utile de se poser la question suivante : Dame Nature a-t-elle fait une erreur en concevant la femme, rendant la vie après la ménopause si morne ou faisant qu'après ses années de fertilité une femme n'ait plus d'avenir si ce n'est celui de se détériorer et de mourir ? Si l'on croit que Dame Nature ne fait pas de telles erreurs, on peut se demander si peut-être les problèmes que nous avons maintenant avec la ménopause ne seraient pas dus à une erreur que nous faisons, et non pas à une erreur de Dame Nature. Jetons encore un coup d'œil sur la ménopause.

Œstrogènes et progestérone au moment de la ménopause

Il est très courant de voir circuler une idée fausse sur la ménopause, période où les règles s'arrêtent : cette étape signifierait qu'une femme ne fabrique plus d'hormones féminines, qu'elle a besoin d'œstrogènes et des soins constants d'un médecin, qu'elle a une maladie de déficience. En vérité, elle fabrique seulement moins d'œstrogènes que ce qui est nécessaire pour la préparation mensuelle de l'endomètre en vue d'une grossesse. Le niveau d'œstrogènes ne tombe pas à zéro ; son corps continue encore à fabriquer des œstrogènes dans ses cellules de graisse à partir de l'androsténédione.

En revanche, les niveaux de progestérone tombent à zéro

ou presque, au moment de la ménopause ou quelque temps avant. Les niveaux sériques de progestérone chez la femme ménopausée sont plus faibles que chez l'homme. Comme nous l'avons vu dans le schéma 3 (page 33), la progestérone est un précurseur majeur des corticostéroïdes. Il y a cependant une alternative possible via la déhydroépiandrostérone (DHEA). En l'absence de progestérone, le corps peut augmenter la DHEA qui conduit à l'androsténédione puis à la synthèse des œstrogènes et des corticostéroïdes. Au fur et à mesure que les niveaux d'œstrogènes baissent à la ménopause, les propriétés androgéniques de l'androsténédione deviennent opérationnelles, conduisant à une augmentation de la pilosité corporelle et du visage (hirsutime) et à l'alopécie de type masculine. Certains ont noté que les vieilles petites dames finissent par ressembler aux vieux petits messieurs. La supplémentation avec la progestérone est évidemment le traitement de choix.

Je me souviens d'une femme canadienne ménopausée qui m'a envoyé son paquet de dossiers médicaux pesant près de 5 kg et représentant ses consultations auprès d'une demi-douzaine de médecins. Elle me demandait mon avis. Dans le paquet il y avait une série de tests de laboratoire mesurant la progestérone sérique. La patiente prenait un progestatif, la médroxyprogestérone acétate (Provera), et son médecin a ordonné que l'on mesure sa progestérone sérique. Trouvant le niveau encore à zéro, il a doublé la dose de progestatif et a demandé un second test. Celui-ci aussi affichait zéro. À nouveau il a doublé la dose de progestatif et a demandé un troisième test qui encore une fois affichait zéro. Mais sur ce résultat de laboratoire, le technicien a écrit : « Docteur, vous donnez à cette femme du Provera. Vous demandez que des tests soient faits pour la progestérone sérique. Le Provera n'est pas de la progestérone ! » Après tout cela la patiente s'est mise à éprouver toutes sortes d'effets secondaires provenant du médicament, et plus spécifiquement perte d'appétit, nausée, indigestion, fatigue et dépression. J'ai encerclé le commentaire du technicien en rouge et je l'ai renvoyé à cette dame avec une feuille d'information sur la progestérone naturelle.

Quelques mois plus tard elle m'envoya une très gentille lettre me disant à quel point elle se sentait mieux en utilisant la progestérone naturelle et qu'elle avait renvoyé tous ses médecins sauf un. Elle m'envoya aussi un chèque substantiel alors que je ne lui avais pas fait parvenir de note d'honoraires.

L'interdépendance œstrogènes-progestérone

Pour réitérer, les niveaux d'œstrogènes ne descendent pas à zéro à la ménopause. Si tel est le cas, pourquoi, me direz-vous, certaines femmes souffrent-elles de sécheresse vaginale, de fibromes utérins, de bouffées de chaleur, de peau sèche et ridée, pourquoi les risques de cancer du sein et de l'utérus sont-ils accrus au moment de la ménopause ? La réponse peut se trouver dans un certain nombre de facteurs, la progestérone en est un et pas le moindre.

Il existe un paradoxe dans la physiologie hormonale féminine : les œstrogènes et la progestérone, quoique mutuellement antagonistes par certains de leurs effets, sensibilisent chacun les récepteurs de l'autre. C'est-à-dire, la présence d'œstrogènes rend les tissus cibles plus sensibles à la progestérone et la présence de progestérone fait la même chose pour les œstrogènes. Chacun prépare la scène de sorte que le corps réagisse plus à l'autre ; c'est un exemple intéressant de l'efficacité de la nature.

Notre société industrialisée se distingue par la fréquence des fibromes utérins, des cancers du sein et/ou de l'utérus, des seins fibrokystiques, du syndrome prémenstruel, de la perte de la masse osseuse avant la ménopause ainsi que par une incidence élevée d'ostéoporose après la ménopause. Si la baisse des œstrogènes est le facteur le plus important dans l'ostéoporose chez les femmes, par exemple, pourquoi y a-t-il une perte osseuse significative durant les 10-15 ans avant la ménopause ? Il est un fait qu'aux États-Unis, c'est vers 35 ans que les femmes sont au maximum de leur densité osseuse et qu'un bon pourcentage de femmes arrive à la ménopause avec une ostéoporose déjà bien en route. De plus il est bien connu que les fibromes s'atrophient après le déclin des œstrogènes, après la ménopause, que des seins fibrokystiques sont aggravés par une supplémentation en œstrogènes et qu'ils sont facilement traités avec de la progestérone, que le risque de cancer du sein ou de l'utérus est augmenté avec les œstrogènes et largement empêché avec la progestérone et que le syndrome prémenstruel peut souvent être traité avec succès grâce à la progestérone naturelle.

Le fil conducteur qui traverse tous ces états de santé est une dominance en œstrogènes secondaire à une relative insuffisance en progestérone. Comment cela peut-il se produire chez les femmes réglées ? Cela arrive lorsque les femmes ont des cycles anovulatoires. Comme nous l'avons vu, la progestérone est produite par le corps jaune qui est lui-même formé au moment de l'ovulation. Les cycles anovulatoires peuvent être réguliers ou non, cependant il arrive souvent que la femme remarque une différence au niveau du flux menstruel qui peut être plus ou moins abondant ou plus ou moins long. Si on soupçonne qu'un cycle est anovulatoire (cette supposition est rarement faite), ce fait peut être mis en évidence par un test de mesure du niveau sérique de progestérone pendant les dix-huitième et vingt-sixième jours du cycle menstruel.

La raison de ce bref détour est que des niveaux faibles de progestérone avant la ménopause, consécutifs à des cycles anovulatoires, peuvent induire des niveaux élevés d'œstrogènes et conduire à une dominance en œstrogènes donnant des symptômes significatifs avant la ménopause. Le plus souvent les femmes ont un cancer du sein ou de l'utérus cinq ans avant la ménopause. De plus les mécanismes de rétroaction hypothalamique, activés par ce manque de progestérone lorsqu'une femme approche la ménopause, conduisent à une élévation de GnRH et à la sécrétion de FSH et de LH par l'hypophyse. Des conséquences potentielles en sont une augmentation des œstrogènes, une perte de la production de corticostéroïdes et de l'œdème intracellulaire. Une activité accrue de l'hypothalamus, qui est un élément du cerveau limbique, peut induire une hyperactivité des noyaux limbiques adjacents conduisant à des sautes d'humeur, à de la fatigue, au sentiment d'avoir froid et à des réponses inappropriées envers d'autres agents stressants. Il n'est pas rare de suspecter de l'hyperthyroïdie malgré des niveaux normaux d'hormones thyroïdiennes.

Autour de 45-50 ans, parfois un peu plus tôt ou un peu plus tard, les niveaux d'œstrogènes diminuent et le flux menstruel s'amoindrit et/ou devient irrégulier pour finalement cesser. Les niveaux d'œstrogènes sont tombés à un niveau inférieur à celui qui est nécessaire pour assurer une stimulation de l'endomètre. Chez la plupart des autres peuples, cet événement a lieu sans symptômes. Aux États-Unis, pour 50 à 60 % des femmes, la ménopause a lieu pratiquement sans symptômes. Les autres, cependant, souffrent de bouffées de chaleur, de sautes d'humeur, de sécheresse vaginale et d'une angoissante pousse de poils sur le visage et sur le corps. Les mois pendant lesquels les règles sont irrégulières, les niveaux de FSH ont tendance à s'élever et à fluctuer considérablement. Cela s'appelle la préménopause. Avec la ménopause proprement dite, le FSH et le LH s'élèvent nettement au fur et à mesure que le manque de production ovarienne d'œstrogènes supprime l'effet de rétroaction sur l'hypophyse. Un manque d'activité ovarienne peut arriver à n'importe quel âge, mais une ménopause avant l'âge de 40 ans est considérée comme prématurée.

Le fait que les ovaires ne répondent pas aux gonadotropines est dû à un épuisement final des ovocytes et des cellules folliculaires qui les entourent. Parmi les millions d'ovocytes présents avant la naissance, il en reste environ 300 000 à la puberté à l'arrivée des règles. Par la suite, des centaines disparaissent à chaque cycle, y compris les cycles réglés par la contraception hormonale. En fin de compte à la ménopause, le stock est réduit à seulement 1 000 follicules ce qui est insuffisant pour maintenir le processus hormonal nécessaire à la menstruation. Ainsi, c'est la disparition des ovocytes et des cellules folliculaires plutôt que l'âge en soi qui est à l'origine de la ménopause.

La fertilité est aussi fonction du nombre de follicules. Quelle que soit la fréquence des rapports sexuels, la probabilité mensuelle qu'une femme de 38 ans conçoive et mène une grossesse à terme est de seulement environ le quart de la probabilité chez une femme de moins de 30 ans. De plus, il est un fait que la conception après l'âge de 35 ans environ est accompagnée par un accroissement de la possibilité d'anomalies congénitales, telles que le syndrome de Down (trisomie 21), secondaire à une production imparfaite de gamètes (ovules). Il devrait être clair qu'une alimentation adéquate exempte de toxines pouvant endommager les ovocytes doit être une des premières priorités dans la vie.

Maintenant nous arrivons au nœud du problème. Des follicules bien nourris et en bonne santé produisent des quantités équilibrées d'œstrogènes et de progestérone. Un dysfonctionnement des cellules folliculaires quelle qu'en soit la cause, mais surtout si celle-ci provient de déficiences nutritionnelles intracellulaires ou de la présence de toxines intracellulaires, conduira à une déficience en progestérone et à une dominance en œstrogènes avec des niveaux élevés de FSH et de LH et à une hyperactivité hypothalamique. Le résultat net est bien sûr la survenue de toute une étendue de symptômes liés aux déséquilibres hormonaux que l'on voit chaque jour chez les femmes en préménopause et ménopausées dans les cabinets des médecins. Les *Women's self help groups*, les livres sur la ménopause et les articles dans les magazines sont la preuve de la fréquence de ce désordre. La question maintenant est : que doit-on (ou peut-on) faire pour ceci ?

La solution est bien sûr d'avoir une bonne alimentation, d'éviter les toxines, et d'apporter une supplémentation appropriée en véritable progestérone naturelle.

Une bonne alimentation

Avoir une bonne alimentation signifie manger beaucoup de légumes frais, de céréales complètes et de fruits consommés sous la forme la plus naturelle possible, non contaminés par des insecticides, des colorants artificiels, des conservateurs ou d'autres ingrédients toxiques. Les méthodes actuelles de production de viande étant ce qu'elles sont, il vaut mieux en minimiser la consommation. Les œufs ne posent probablement pas de problème non plus que des quantités modestes de poisson et de gibier (la plupart des insecticides sont solubles dans les graisses et on les retrouve dans la peau des poissons et du gibier). Les huiles végétales extraites par très haute pression doivent être évitées à cause du problème des acides gras trans. L'huile d'olive ne requiert pas une extraction sous haute pression et est bonne à utiliser. Les huiles de lin, de noix, d'onagre et de courge sont toutes particulièrement nutritives à cause de leur teneur en acides gras essentiels (acide linoléique et acide alpha-linolénique). L'invasion de notre alimentation par les produits industrialisés rend nécessaire une supplémentation avec un minimum de nutriments : vitamine C, 1 g deux fois par jour ; vitamine E, 400 UI par jour ; bêtacarotène, 15 mg par jour ; zinc, 15-30 mg par jour ; magnésium, 100-300 mg par jour. La cigarette n'est pas permise et la consommation d'alcool devrait être strictement limitée.

La supplémentation en progestérone naturelle

La supplémentation avec de la progestérone naturelle est une décision clinique basée sur les signes et les symptômes d'une dominance en œstrogènes.

Signes et symptômes d'une dominance en œstrogènes :
– rétention d'eau, œdème,
– seins gonflés, seins fibrokystiques,
– sautes d'humeur prémenstruelles, dépression,
– perte de la libido,
– règles abondantes ou irrégulières,
– fibromes utérins,
– envies de sucreries,
– prise de poids, dépôts de graisse sur les hanches et les cuisses.

Si on opte pour la supplémention en progestérone pour une femme en période de préménopause, on a le choix entre des capsules, des gouttes sublinguales et une crème transdermique. Mes patientes ont généralement opté pour la crème transdermique à cause de ses effets bénéfiques sur la peau (c'est une excellente crème hydratante), de son faible coût et de sa facilité d'application. La crème habituelle contient un peu plus de 475 mg de progestérone par once de crème (1 once = 28,35 g) soit 960 mg dans un pot de 2 onces. Comme la production normale de progestérone par le corps jaune peut atteindre 20 mg par jour entre les 18e et 26e jours du cycle, je recommande habituellement d'utiliser une once de crème entre les 12e et 26e jours du cycle afin d'approcher les niveaux normaux. La dose nécessaire est déterminée par le résultat obtenu autrement dit le degré de soulagement des symptômes. Certaines patientes ont préféré utiliser le pot entier de 2 onces. Comme la progestérone naturelle est connue pour ne pas donner d'effets secondaires, il n'y a pas de risque à osciller entre un demi-pot et un pot entier. L'arrêt de la crème le 26e jour du cycle entraîne habituellement l'arrivée des règles dans les 48 heures.

Les femmes ménopausées ne prenant pas d'œstrogènes ont un éventail d'utilisation encore plus large. Elles peuvent choisir, par commodité, un rythme d'application basé sur le mois calendaire. La crème peut être appliquée sur une période de 14 ou 21 jours puis elle peut être arrêtée jusqu'au mois prochain. Une courte période sans utilisation de la crème permet aux récepteurs de conserver leur sensibilité.

Les femmes ménopausées recevant un supplément cyclique d'œstrogènes devraient réduire leur dose de moitié lorsqu'elles commencent la progestérone. (La progestérone augmente la sensibilité des récepteurs d'œstrogènes.) Si elles ne font pas ceci elles risquent d'expérimenter des symptômes de dominance en œstrogènes les deux premiers mois d'utilisation de la progestérone. La crème doit être appliquée pendant les deux dernières semaines d'utilisation des œstrogènes et elles doivent cesser de prendre les deux hormones une semaine par mois.

De nombreuses femmes ménopausées n'ont pas besoin de

suppléments en œstrogènes. Non seulement le corps d'une femme continue à produire des œstrogènes mais elle ingère des phyto-œstrogènes (substances œstrogéniques que l'on trouve dans les plantes) et elle est exposée aux xéno-œstrogènes (substances œstrogéniques d'origine pétrochimique se trouvant dans l'environnement). L'apport de progestérone augmente l'activité des récepteurs des œstrogènes et ainsi son « besoin » en œstrogènes n'existe peut-être pas. Si après trois mois d'utilisation de progestérone il n'y a ni bouffées de chaleur ni sécheresse vaginale, il est peu probable qu'il soit nécessaire de donner des œstrogènes.

Les bouffées de chaleur ne sont pas, en soi, le signe d'une déficience en œstrogènes mais sont dues à une activité hypothalamique accrue (instabilité vasomotrice) secondaire à des niveaux faibles d'œstrogènes et de progestérone qui, s'ils étaient élevés, produiraient un effet de rétroaction vers l'hypophyse et l'hypothalamus. Une fois que les niveaux de progestérone augmentent, les récepteurs pour les œstrogènes dans ces endroits de l'organisme deviennent plus sensibles et les bouffées de chaleur disparaissent habituellement. On peut tester la validité de ce mécanisme en mesurant les niveaux de FSH et de LH avant et après une supplémentation adéquate de progestérone.

Il reste à répondre à la question suivante : pourquoi existe-t-il une déficience en progestérone ? Dame Nature a-t-elle fait une erreur ? Ce n'est pas elle qui a fait l'ereur, c'est nous. De même qu'il existe des phyto-œstrogènes, de nombreuses plantes (plus de 5 000 plantes connues) fabriquent des stérols ayant une activité progestogénique. Chez les peuples dont le mode alimentaire est riche en légumes frais de toutes sortes, il n'existe pas de déficience en progestérone. Les femmes ont non seulement des ovaires en bonne santé avec des follicules produisant suffisamment de progestérone mais, à la ménopause, leurs aliments leur apportent suffisemment de substances progestogéniques pour maintenir leur libido à un niveau élevé, pour conserver des os solides, et pour permettre un passage sans symptômes à travers la ménopause. Notre système alimentaire utilise de nombreux aliments industrialisés ainsi que des aliments cueillis longtemps avant d'être vendus. Leur teneur en vitamines (particulièrement en vitamine C) baisse ainsi que les quantités de stérols. Nous ne recevons pas les mêmes quantités de substances progestogéniques que nos ancêtres. Un rapport récent publié dans le *Lancet*, sur des mesures de densités osseuses provenant de corps enterrés il y a près de 300 ans en Angleterre, a montré qu'à tous les âges leurs squelettes avaient de meilleurs os que ceux d'aujourd'hui. Il est vraisemblable que l'exercice physique et l'alimentation y étaient pour quelque chose.

On peut aussi extraire la progestérone des placentas obtenus à la naissance. C'est une pratique qui se fait en Europe. Cependant dans le monde entier la source la plus courante de progestérone est l'igname sauvage, que l'on cultive dans ce but. L'igname produit un stérol nommé diosgénine qui est facilement converti en progestérone naturelle. Une alimentation riche en igname (par exemple celle des habitants des îles Trobriand) fourni suffiamment de progestérone pour éviter le genre de problèmes évoqués dans ce chapitre. De plus, les pratiques traditionnelles d'un grand nombre de peuples apportent un soulagement à ces problèmes en utilisant des plantes telles que le dong quai, le black cohosh* (*Cimicifuga racemosa*) et le fenouil, qui contiennent des substances œstrogéniques et progestogéniques actives.

Dans les pays industrialisés de l'Occident, les entreprises pharmaceutiques achètent la progestérone naturelle (dérivée des ignames) et modifient chimiquement sa configuration moléculaire pour produire les différents progestatifs qui, n'existant pas dans la nature, peuvent être brevetés et sont ainsi plus profitables. La plupart des médecins ne sont conscients ni du fait que les progestatifs qu'ils prescrivent sont fabriqués à partir de la progestérone (provenant des ignames), ni du fait qu'il existe de la progestérone naturelle qui est plus sûre et plus efficace que les progestatifs et aussi relativement peu onéreuse.

Le secret pour une gestion réussie des symptômes de la ménopause est l'utilisation de la progestérone naturelle.

* Le dong quai est une racine très utilisée pour les femmes dans la pharmacopée chinoise (disponible en France), le *Cimicifuga racemosa* est très connu chez les Indiens d'Amérique du Nord (NDLT).

Chapitre 7

UN MOT AU SUJET
DES ŒSTROGÈNES

Il devrait vous paraître clair maintenant que progestérone et œstrogènes sont intimement liés par beaucoup d'aspects. La progestérone est un précurseur dans le cheminement qui permet la biosynthèse des œstrogènes ; ils sont dans bien des cas antagonistes ; chacun sensibilise les récepteurs de l'autre. Ainsi, notre compréhension de la progestérone sera plus complète si nous comprenons un peu mieux les œstrogènes.

Tout d'abord il y a un problème de sémantique à éclaircir. Comme cela a été évoqué au chapitre 1, les premiers chercheurs ont trouvé les preuves de l'existence d'une hormone produisant l'œstrus (c'est-à-dire les œstrogènes) puis, en 1929, Corner et Allen ont découvert l'existence d'une hormone produite par le corps jaune et nécessaire à une gestation couronnée de succès (c'est-à-dire la progestérone). Puis on a trouvé que « l'œstrogène » n'était pas une seule hormone mais un ensemble d'hormones semblables ayant des degrés d'activité variables, toutes fabriquées par les ovaires. Chacune au fur et à mesure de sa découverte a reçu un nom chimique spécifique et **le mot œstrogène est devenu le nom d'une classe d'hormones ayant une activité liée à l'œstrus. Les trois hormones les plus importantes de cette classe d'œstrogènes sont l'œstrone, l'œstradiol et l'œstriol.** Cependant, dans la littérature courante, chacun des

membres spécifiques de la classe continue à être appelé œstrogène. Dans le cas de la progestérone, on n'a trouvé qu'une seule
hormone. Ainsi, « progestérone » est à la fois le nom d'une classe
d'hormones et de l'unique membre de cette classe.

Plus tard, lorsqu'on a trouvé que des extraits de plantes
avaient une activité progestative et plus tard encore lorsqu'on a
cré des versions synthétiques avec une activité progestative, plusieurs auteurs les ont décrits comme des progestatifs, gestogènes
ou progestogènes. Malheureusement, lors de la promotion pharmaceutique qui suivit, le mot « progestérone » fut aussi utilisé
pour décrire ces autres composés ayant la capacité de maintenir
l'endomètre humain dans la phase sécrétoire, malgré leurs nombreux effets secondaires (que l'on n'a pas avec la progestérone) et
l'absence de nombreuses autres capacités de la progestérone
naturelle telle qu'elle est produite par le corps jaune. Cette
confusion existe encore dans l'esprit de nombreux médecins et
auteurs. Gail Sheehy par exemple, dans son livre à succès
The Silent Passage, écrit en 1991, reconnaît la confusion qu'entraînent les différents noms, et décide d'utiliser le mot « progestérone » à travers tout son livre bien qu'elle parle en général des
progestatifs de synthèse[1].

Le terme œstrogènes fait en général référence à la classe
d'hormones produites par le corps et ayant des effets œstrus-like.
Les phyto-œstrogènes font référence à des composés de plantes
avec une action œstrogène-like ; les xéno-œstrogènes font référence à d'autres composés de l'environnement (habituellement
d'origine pétrochimique) avec une action œstrogène-like. Les
configurations moléculaires des trois hormones œstrogènes les
plus importantes et de plusieurs composés œstrogène-like dérivés
de plantes ou d'origine synthétique sont illustrées page suivante.

Le composé p-Anol est un composé œstrogénique actif
trouvé dans le fenouil et l'anis. Le diéthylstilbestrol (DES), qui
ressemble à deux molécules de p-Anol attachées bout à bout, est
aussi puissant que l'hormone gonadique la plus puissante, l'œstradiol. Il peut être synthétisé à peu de frais et il est très actif s'il
est pris oralement. Dans le passé il a été utilisé pour la régulation

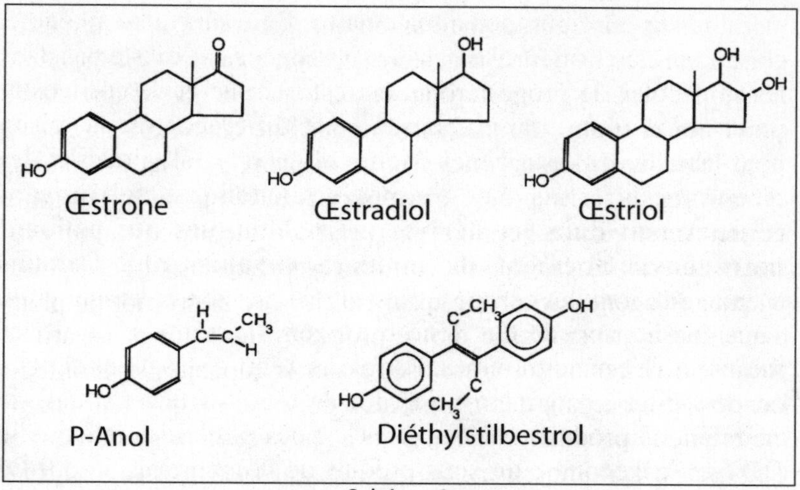

Schéma 9.

du cycle menstruel, dans les contraceptifs, et pour prévenir l'accouchement prématuré. Cependant, il a été impliqué dans certains types de cancer (par exemple le cancer du col de l'utérus chez les filles dont les mères avaient pris du DES pendant la grossesse) et son utilisation a été remplacée par d'autres composés probablement moins dangereux. Le DES a aussi été largement utilisé chez les bovins afin de les faire grossir plus rapidement avant l'abattage.

Une caractéristique commune des composés œstrogéniques est l'anneau phénol A de la molécule. Dans la figure 9 les double liaisons de l'anneau A sont représentées comme elles le sont normalement dans les textes médicaux, alors que, dans la figure représentant le DES, l'anneau A est représenté comme dans les livres de biochimie.

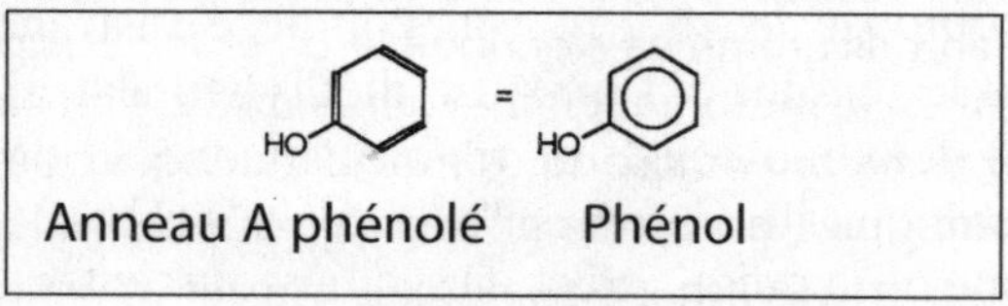

Schéma 10.

77

Cette configuration moléculaire d'un anneau A phénolé, comme ce que l'on trouve dans les œstrogènes, n'existe pas dans les molécules de progestérone, de testostérone et de corticostérone. Selon toute vraisemblance, cette différence est la raison pour laquelle les œstrogènes ont des effets physiologiques et des récepteurs différents. **Les composés phénoliques se trouvent couramment dans les dérivés pétrochimiques qui polluent notre environnement de manière envahissante.** Certains d'entre eux sont des composés œstrogéniques extrêmement puissants (on les appelle des xéno-œstrogènes), même si on ne les mesure qu'en nanogrammes. Parmi ces xéno-œstrogènes connus on peut citer le coumétrol, l'équol, le tétrahydrocannabinol, le zéaralénone produits par des plantes ; des pesticides tels que le DDT et le képone ; un sous-produit de combustion, le 3,9-D-dihydroxybenz (a) anthracéne[2]. **Cette exposition non reconnue à des composés œstrogéniques est peut-être un facteur causal significatif pour le cancer du sein et le déclin dans la production de spermatozoïdes récemment identifié.**

La synthèse des œstrogènes

À cause de leur position respective dans le schéma de biosynthèse (voir page 33), l'œstrone est appelé E1, l'œstradiol E2 et l'œstriol E3. En dehors de toute grossesse, le E1 et le E2 sont produits par les ovaires en des quantités qui se mesurent en microgrammes et le E3 est un sous-produit du métabolisme de E1 produit en quantité limitée. Les niveaux de E1 et E2 dans le sang sont déterminés moins par leur synthèse que par un système réversible de réduction au niveau du foie qui peut convertir l'un dans l'autre et qui résulte en des quantités plus élevées de E2.

Cependant, durant la grossesse, le placenta est la source majeure des œstrogènes ; le E3 est produit en quantités se mesurant en milligrammes alors que le E1 et le E2 sont produits en quantités se mesurant en microgrammes. L'élimination du E2 se fait maintenant en quantités moindres. Au lieu d'être synthétisé de toutes pièces à partir de l'acétate via le cholestérol, la prégnénolone ou la progestérone, la synthèse placentaire du E3 nécessite la présence de DHEA obtenue à partir du DHEA-S (sulfate de

DHEA) provenant de la mère ou du fœtus (surrénales). À cause de la participation du fœtus dans la formation du E3, les mesures sériques de E3 peuvent être un indicateur clinique sensible de l'état du placenta et/ou du fœtus.

Le placenta devient aussi la source majeure de progestérone en produisant 300 à 400 milligrammes par jour pendant le troisième trimestre. Ainsi, l'œstriol (E3) et la progestérone, sont les stéroïdes sexuels les plus importants produits pendant la grossesse. L'œstriol et la progestérone n'affectent pas les caractères sexuels secondaires et ainsi le développement sexuel du fœtus est uniquement déterminé par son propre ADN et non par les hormones sexuelles de la mère. Cependant, en ce qui concerne le développement futur de notre préférence sexuelle, il existe la possibilité d'une influence des xéno-œstrogènes provenant de notre environnement pollué par la pétrochimie.

Parmi les trois œstrogènes, l'œstradiol est celui qui stimule le plus les seins et l'œstriol est l'hormone qui les stimule le moins ; le rapport de leur activité respective en ce domaine étant de 1 000 [1,4]. Des études faites il y a vingt ans ont trouvé que l'œstradiol (et l'œstrone à un degré moindre) augmentait le risque de cancer du sein alors que l'estriol exerçait une protection. L'éthinylestradiol de synthèse, communément utilisé dans les suppléments d'œstrogènes et les contraceptifs, représente un risque encore plus grand à cause d'une absorption orale élevée et un métabolisme et une élimination lents. Étant donné que tous les œstrogènes de synthèse ont un métabolisme et une élimination lente, on pourrait penser que, pour toute supplémentation en œstrogènes, les hormones naturelles seraient supérieures.

À l'inverse, l'œstriol est l'hormone œstrogénique la plus active au niveau du vagin, du col de l'utérus et de la vulve. En cas de sécheresse et d'atrophie vaginale, après la ménopause, prédisposant une femme aux vaginites et aux cystites, la supplémentation en œstriol serait théoriquement la forme d'œstrogènes la plus efficace et la plus sûre à utiliser [6].

Les effets des œstrogènes

Les œstrogènes sont à envisager sous l'angle de la procréation et de la survie du fœtus. Il semble bénéfique pour le bébé que la future mère puisse, en temps de famine, emmagasiner de la graisse corporelle dans laquelle les œstrogènes sont stockés.

Les effets des œstrogènes	Les effets de la progestérone
– à l'origine de la phase proliférative de l'endomètre, – stimulation des seins, – augmentation de la graisse corporelle, – rétention d'eau et de sel, – dépression et maux de tête, – interfère avec l'hormone thyroïdienne, – augmentation de la coagulation du sang, – diminue la libido, – compromet les mécanismes de contrôle du sucre sanguin, – perte du zinc et rétention du cuivre, – réduction des niveaux d'oxygène dans toutes les cellules, – risque accru de cancer de l'endomètre, – risque accru de cancer du sein, – freine légèrement le fonctionnement des ostéoclastes, – réduit la tonicité vasculaire.	– maintient la phase sécrétoire de l'endomètre, – protège contre les kystes fibromateux des seins, – aide à l'utilisation de la graisse pour la fabrication de l'énergie, – diurétique naturel, – antidépresseur naturel, – facilite l'action de l'hormone thyroïdienne, – normalise la coagulation sanguine, – rétablit la libido, – normalise les niveaux de sucre sanguin, – normalise les niveaux de zinc et de cuivre, – rétablit les bons niveaux d'oxygène au niveau des cellules, – prévient contre le cancer de l'endomètre, – aide à prévenir contre le cancer du sein, – stimule les ostéoblastes (cellules favorisant la construction osseuse), – nécessaire à la survie de l'embryon, – précurseur de la production de corticostérone.

Ainsi, les effets des œstrogènes comprennent bien plus que leur seule action sur la formation du corps féminin et la stimulation de l'utérus et des seins. En des temps d'abondance alimentaire, les effets des œstrogènes sont potentiellement nuisibles à la santé. Cela vaut la peine de comparer les effets physiologiques des œstrogènes et de la progestérone.

Dominance en œstrogènes (œstrogènes non contrebalancés)

Quelle que soit leur valeur, il est clair que les œstrogènes, lorsqu'ils ne sont pas contrebalancés par la progestérone, ne sont pas désirables. Autrement dit, il est clair que de nombreux effets secondaires indésirables des œstrogènes sont efficacement évités par la progestérone. **Je proposerais que l'on reconnaisse un nouveau syndrome : la dominance en œstrogènes**, qu'elle survienne comme le résultat d'œstrogènes exogènes donnés après la ménopause ou pendant la phase anovulatoire de la préménopause, phénomène si répandu de nos jours. Malheureusement, c'est la coutume en médecine contemporaine de prescrire des œstrogènes seuls aux femmes n'ayant pas un utérus intact et, tout aussi malheureusement, la dominance en œstrogènes dans la période de la préménopause est un phénomène tout simplement ignoré.

La raison essentielle pour laquelle les femmes ménopausées prennent des œstrogènes est la protection contre l'ostéoporose. Le tableau est assez clair ; un manque d'œstrogènes incite les ostéoclastes à augmenter la résorption osseuse. Cependant, cet effet s'estompe au bout de cinq ans environ et, ensuite, la perte osseuse continue au même rythme que chez les femmes n'utilisant pas d'œstrogènes [7]. Le facteur le plus important pour l'ostéoporose est le manque de progestérone qui entraîne la diminution d'une nouvelle formation osseuse normalement stimulée par les ostéoblastes. Nous discuterons plus longuement de cela dans le chapitre 10.

Une discussion plus approfondie des effets des œstrogènes

sur les kystes fibromateux, le cancer du sein et les os, ainsi que la prévention ou le traitement de l'ostéoporose, sera présentée dans les chapitres suivants.

Chapitre 8

LA PROGESTÉRONE ET LES DÉSORDRES DU BASSIN

Le bassin de la femme est une merveille à voir. Ses tissus sont suffisamment élastiques et ses voûtes osseuses suffisamment larges pour le passage d'un bébé dont la tête mesure déjà la moitié de celle d'un adulte. Le tissu vaginal pendant les années de fertilité et surtout autour de l'accouchement est le tissu qui a la meilleure faculté de guérison de tout le corps. Les sécrétions de la muqueuse vaginale réagissent à l'activité sexuelle et la rendent plus facile ; elles protègent contre l'infection et elles favorisent l'autonettoyage. Les ovaires qui produisent les ovules sont situés dans l'endroit du corps le mieux protégé. Le passage vaginal est positionné de manière à favoriser les relations sexuelles face à face, rares parmi les autres espèces animales. L'utérus, normalement plus petit que le poing, peut recevoir une grossesse plus grande qu'un ballon de basket, conserver une force musculaire suffisante pour produire des contractions lors de l'accouchement et retourner à la normale six semaines après la naissance. Malgré sa proximité avec le rectum et la possibilité d'une contamination avec des colibacilles (le redoutable *E. coli*), un bassin en bonne santé résiste remarquablement à l'infection, malgré une perte de sang mensuelle qui pourrait être un bouillon de culture par excellence.

Les désordres liés au bassin existent bien sûr. Des affections telles que vaginites, infections du système urinaire, endométriose, maladie inflammatoire du bassin, kystes ovariens, douleurs ovulatoires appelées Mittelschmertz en allemand, fibromes utérins et crampes mentruelles viennent toutes à l'esprit. La question à se poser est la suivante : doit-on s'attendre à contracter ces affections à cause d'une quelconque erreur dans les plans de Dame Nature ou surviennent-elles pour une raison que l'on peut prévenir ? Regardons de plus près.

Vaginite

Les vaginites arrivent plus souvent chez les femmes prenant la pilule contraceptive. On pourrait prétendre que le fait de prendre la pilule implique une activité sexuelle plus fréquente et qu'ainsi ces femmes sont plus exposées à des organismes infectieux. Peut-être, mais on pourrait aussi prétendre que la pilule empêche la production normale des sécrétions qui les protègent. La pilule fonctionne après tout en bloquant la production de nos propres hormones.

Après la ménopause, la sécheresse vaginale et l'atrophie de la muqueuse prédisposent les femmes aux infections vaginales, urinaires et de l'urètre. Le traitement de l'agent infectieux (bactérie pathogène ou autre micro-organisme) avec des antibiotiques n'apporte qu'un succès temporaire parce que la véritable cause sous-jacente est la perte de résistance de l'hôte, secondaire à une déficience hormonale. À cet égard, les œstrogènes en application vaginale se sont avérés historiquement bénéfiques, l'œstriol étant le plus efficace. Une récente étude contrôlée [1] utilisant de l'œstriol chez des femmes ménopausées ayant des infections urinaires à répétition a trouvé que l'œstriol réduisait de manière significative l'incidence des infections urinaires en comparaison avec le placebo (0,5 contre 5,9 infections par an). En plus, le traitement avec l'œstriol a entraîné le retour des lactobacilles bénéfiques et la quasi-élimination des bactéries provenant du côlon, ainsi que la restauration d'une muqueuse vaginale normale et un retour à un PH bas normal (qui inhibe la croissance de nombreux éléments pathogènes).

Parmi mes patientes ménopausées, il y a celles pour qui les œstrogènes sont contre-indiqués à cause d'une histoire médicale de cancer du sein ou de l'utérus et qui risquent de multiples infections urinaires et vaginales. J'ai été surpris d'observer que celles qui optaient pour la progestérone naturelle étaient remarquablement à l'abri de ces problèmes. De plus, la sécheresse vaginale et l'atrophie de la muqueuse dont elles avaient souffert auparavant revenaient à une situation normale après 3 à 4 mois d'utilisation de progestérone. Cela suggère que la progestérone naturelle procure aussi un bénéfice direct aux tissus du vagin et de l'urètre ou qu'elle peut sensibiliser les récepteurs tissulaires à des niveaux plus faibles d'œstrogènes encore présents chez les femmes ménopausées.

Un aspect important, bien que non reconnu, de la résistance du sujet aux infections sont les IgA sécrétoires, une globuline immunitaire qui active nos défenses immunitaires avant l'invasion cellulaire par des organismes pathogènes. Les IgA sécrétoires sont présentes dans les sécrétions normales d'un vagin en bonne santé. Quoique non encore validée par une recherche adéquate, il est tentant d'avancer l'hypothèse que les hormones naturelles stimulent non seulement la formation de quantités normales de mucosités mais aussi des composants normaux de ces mucosités, y compris des éléments tels que les IgA sécrétoires. De plus, il est vraisemblable que ce mécanisme immunitaire, ainsi que d'autres, soit également aidé par des aspects nutritionnels.

Maladie inflammatoire du bassin

La maladie inflammatoire du bassin est une inflammation sérieuse de l'utérus et des trompes de Fallope qui peut se traduire par des abcès. Le traitement consiste à prendre des antibiotiques et avoir éventuellement recours à la chirurgie. Les agents infectieux comprennent le gonocoque, le chlamidia et le plus souvent des bactéries coliformes. L'évolution de cette maladie débute par une colonisation d'agents infectieux pathogènes d'abord dans le vagin et les tissus du col de l'utérus, l'infection remontant ensuite dans l'endomètre et le long des trompes de Fallope ; c'est à partir de ce moment que l'inflammation s'appelle salpingite ou maladie inflammatoire du bassin. La prévention doit se baser (1) sur la réduction d'une contamination par voie vaginale (hygiène vaginale) et (2) sur l'accroissement de sa résistance vis-à-vis des agents pathogènes. Pour ces deux tactiques, les mucosités vaginales représentent un facteur important. Les mucosités vaginales normales résultent d'un équilibre normal des hormones naturelles et de la présence de facteurs nutritionnels tels que le bêtacarotène, les vitamines E, C et B6 et les minéraux zinc et magnésium. Il est peu probable que les hormones synthétiques (telles que la pilule contraceptive et les suppléments donnés après la ménopause) procurent l'équilibre hormonal ou l'effet nécessaire à l'établissement de mucosités vaginales efficaces.

Comme nous l'avons déjà noté, l'œstriol est l'hormone de la famille des œstrogènes qui est la plus bénéfique pour les tissus du vagin et du col de l'utérus, les sites qui agissent comme première ligne de défense contre les agents pathogènes. L'œstriol est un produit du métabolisme de l'estrone. Les œstrogènes synthétiques de la pilule contraceptive, qui inhibent la production des hormones naturelles, ne contiennent pas d'œstriol et ne sont pas métabolisés pour former de l'estriol. De la même manière les progestatifs inhibent la production de la progestérone naturelle. Après la ménopause, les niveaux de progestérone tombent quasiment à zéro et les niveaux d'œstrone sont faibles aussi. Ainsi, la protection contre l'infection par des agents pathogènes qu'apportent l'œstriol et la progestérone est perdue et le risque d'infection du bassin augmente avec l'utilisation de la pilule contraceptive et/ou après la ménopause à moins que des hormones naturelles ne soient utilisées en supplémentation.

Kystes ovariens et douleurs ovulatoires

Les kystes ovariens sont le résultat d'ovulations manquées ou désordonnées. Comme nous l'avons décrit au chapitre 2, un ou plusieurs follicules ovariens se développent chaque mois sous l'effet de l'hormone gonadotropine A (FSH). La gonadotropine B (LH) favorise l'ovulation et la transformation du follicule (après ovulation) en corps jaune qui produit la progestérone. Chez les jeunes femmes, dans les premières années des cycles menstruels, l'ovulation peut coïncider avec de petites hémorragies à l'endroit du follicule. Cela causera des douleurs abdominales, souvent avec une petite fièvre, au moment de l'ovulation (au milieu du cycle) qui sont communément appelées douleurs ovulatoires. Le traitement consiste simplement à prendre de légers analgésiques, à se rassurer, à se reposer et éventuellement à se faire une compresse chaude. Il est peu probable que cela se reproduise et ce n'est pas un présage pour des problèmes futurs.

Plus tard dans sa vie, vers l'âge de 35 ans, une femme peut développer un kyste ovarien qui peut ne pas produire de symptômes ou au contraire causer une douleur pelvienne d'intensité variable. La palpation peut permettre de détecter une masse lisse et tendre à l'endroit d'un ovaire ou un kyste peut être détecté par une échographie. Le kyste peut simplement s'effondrer et disparaître après un mois ou deux ; il peut aussi persister, augmenter en taille et accroître l'inconfort pendant les mois suivants. De tels kystes sont causés par une absence d'ovulation et les raisons pour lesquelles l'ovulation n'a pu être menée à terme restent encore inconnues. Chaque mois, avec la montée de LH, le site folliculaire enfle et tend la surface de la membrane, entraînant douleur et éventuellement un saignement à cet endroit-là. Certains kystes peuvent prendre la taille d'une balle de golf ou d'un citron avant d'être découverts. Il peut s'avérer nécessaire d'avoir recours à une opération chirurgicale durant laquelle l'ovaire en entier devra être sacrifié.

Un traitement alternatif pour des kystes ovariens est la progestérone naturelle. Les mécanismes de rétroaction biologiques contrôlent le fait que les hormones sexuelles inhibent les centres hypothalamiques et hypophysaires de manière à ce que la production de FSH et celle de LH soient aussi inhibées. C'est-à-dire que dans les circonstances normales, la bonne réponse aux hormones FSH et LH est l'augmentation de progestérone provenant du corps jaune. Si suffisamment de progestérone naturelle est fournie (par supplémentation) avant l'ovulation, la production de LH est inhibée et il n'y a pas d'ovulation normale. C'est l'effet que produit la pilule contraceptive par exemple. De la même manière, les niveaux élevés d'œstriol et de progestérone pendant la grossesse inhibent avec succès l'activité ovarienne pendant neuf mois. Ainsi, en ajoutant de la progestérone naturelle à partir du dixième jour et jusqu'au vingt-sixième jour du cycle, on inhibe le LH et ses effets lutéiniques. Ainsi, le kyste ovarien ne sera pas stimulé et, en deux ou trois mois, régressera et s'atrophiera très probablement sans autre traitement.

Endométriose

L'endométriose est une maladie douloureuse et dévastatrice, dans laquelle de petites parcelles de l'endomètre migrent d'une façon ou d'une autre vers la paroi musculaire de l'utérus, le long des trompes de Fallope, et même vers la surface des ovaires et la cavité pelvienne y compris la partie du côlon se trouvant à proximité. Lorsqu'on les observe lors d'une opération, ces petits îlots apparaissent comme des petites taches couleur chocolat éparpillées ici et là, certaines sont si petites qu'elles sont invisibles à l'œil nu. Comme il s'agit de tissu provenant de l'endomètre, ils réagisent aux montées mensuelles d'œstrogènes et de progestérone exactement de la même manière que le fait l'endomètre à l'intérieur de l'utérus, c'est-à-dire qu'ils se gonflent de sang au cours du mois puis saignent au moment des règles entraînant de fortes douleurs qui débutent un peu avant les règles ne s'arrêtant que peu après celles-ci. Les petites gouttes de sang emprisonnées dans le tissu dans lequel se trouvent les îlots de tissu de l'endomètre prennent une couleur chocolat avec le temps. Lorsque le phénomène reste confiné aux parois de l'utérus, l'affection s'appelle adénomyose et peut causer de fortes douleurs lors des règles par ailleurs appelées dysménorrhées.

La cause de cette affection est actuellement inconnue. Il n'existe aucun mécanisme connu par lequel du tissu provenant de l'endomètre pourrait migrer dans tout le bassin comme peuvent le faire certains cancers. L'hypothèse selon laquelle des îlots éparpillés de tissu provenant de l'endomètre persisteraient depuis l'époque embryonnaire n'est pas non plus prouvée. De plus, l'affection semble être d'origine contemporaine ; il est difficile de s'imaginer qu'une affection si douloureuse ait pu exister il y a un siècle ou deux sans qu'aucun commentaire médical d'aucune sorte n'en ait été fait.

Certains ont émis l'hypothèse qu'il existait un lien avec le long intervalle de temps (et les nombreux épisodes de règles) entre les premières règles et la première grossesse. Jusqu'au vingtième siècle, les femmes dans l'hémisphère Nord avaient leurs règles seulement pendant deux ou trois ans en moyenne avant la première grossesse ; les premières règles survenaient aux environs de 16 ans et la première grossesse aux environs de 18-19 ans. Maintenant, les règles surviennent habituellement vers l'âge de12 ans et la grossesse est souvent repoussée jusqu'après l'âge de 25 ans. On a calculé que le nombre des règles depuis leur début jusqu'à la première grossesse était de trente alors que maintenant il excède typiquement cent cinquante. La migration des cellules de l'endomètre vers l'extérieur peut en quelque sorte résulter d'une si longue période de cycles menstruels chez les femmes sexuellement actives sans qu'il y ait de « repos » hormonal institué par la grossesse. De toute évidence, il est nécessaire de poursuivre les études à ce sujet.

Le traitement médical de cette affection consiste à donner des doses faibles d'œstrogènes de synthèse (afin d'arrêter la production d'œstrogènes endogènes), des doses élevées de progestatifs de synthèse prises soit chaque jour soit sous forme d'injections intramusculaires (afin de supprimer les règles) et des analgésiques, sous forme de codéine et de narcotiques pour la douleur. Les résultats sont généralement sans succès. Le traitement favori pour les jeunes femmes avec une endométriose légère consiste à leur recommander de devenir enceinte le plus rapidement possible. Cela est souvent couronné de succès.

Le traitement chirurgical consiste à tenter de réséquer toutes les lésions. Cela est rarement couronné de succès. Presque invariablement, il s'avère nécessaire d'enlever les deux ovaires, les trompes et l'utérus, quel que soit l'âge de la patiente. Lorsque les lésions sont confinées à l'utérus (adénomyose), on recommande en général l'hystérectomie.

La progestérone naturelle offre une alternative plus douce. Puisqu'une quantité suffisante de progestérone sérique inhibe la production de FSH et de LH, j'ai recommandé à mes patientes avec une endométriose légère à modérée d'utiliser de la progestérone naturelle du dixième au vingt-sixième jour chaque mois, en augmentant la dose jusqu'à ce qu'elles sentent que leurs douleurs diminuent. Une fois que la dose est atteinte, elles continuent à cette dose pendant trois à cinq ans avant de la diminuer progressivement. Leur flux menstruel diminuera considérablement et le corps aura le temps de guérir les lésions. Si les douleurs reviennent, certaines patientes continueront ce traitement jusqu'à la ménopause. Depuis 1982, aucune de mes patientes souffrant d'endométriose légère ou modérée n'a dû avoir recours à la chirurgie.

C'est un mystère pour moi de recommander des progestatifs de synthèse alors qu'il existe de la progestérone naturelle, moins onéreuse et d'une plus grande sécurité d'emploi.

Fibrome utérin

Connu aussi sous le nom de myome utérin, le fibrome est le néoplasme le plus courant du système génital féminin. Ce sont des masses discrètes, rondes, fermes et bénignes de la paroi musculaire de l'utérus, composées de muscles lisses et de tissu conjonctif ; ils sont rarement solitaires. Habituellement de la taille d'un œuf, ils grandissent jusqu'à atteindre celle d'une orange ou d'un pamplemousse. Le plus gros fibrome répertorié pesait plus de cinquante kilos. Ils sont souvent à l'origine de ou coïncident avec des règles plus abondantes (hyperménorrhée), des saignements irréguliers (métrorragie), et/ou des règles douloureuses (dysménorrhée). À cause de leur masse, ils peuvent entraîner une cystocèle (utérus tombant) plus tard dans la vie lorsque le plancher pelvien faiblit, entraînant une incontinence urinaire. Après la ménopause, ils s'atrophient souvent.

Le traitement médical actuel consiste en général en une opération chirurgicale. Certains chirurgiens particulièrement adroits peuvent exciser seulement le myome laissant l'utérus intacte. Cependant, généralement, on fait une hystérectomie.

Encore une fois, dans ce cas, la progestérone naturelle offre une meilleure alternative. Les fibromes comme les kystes des seins sont un produit de la dominance en œstrogènes. Les œstrogènes stimulent leur croissance et le manque d'œstrogènes entraînent leur atrophie. La dominance en œstrogènes est un problème beaucoup plus vaste que ne le reconnaît la médecine contemporaine. De nombreuses femmes dans la trentaine commencent à avoir des cycles anovulatoires. Autour des dix années avant la ménopause, elles produisent beaucoup moins de progestérone que ce qui est prévu mais elles produisent encore des quantités normales (ou supérieures) d'œstrogènes. Elles font de la rétention d'eau et de sel, elles prennent du poids (surtout autour des hanches et du torse), elles sont dépressives et perdent leur libido, les os se déminéralisent et elles développent des fibromes. Ce sont tous des signes de dominance en œstrogènes, c'est-à-dire d'une relative déficience en progestérone.

Lorsqu'on apporte suffisamment de progestérone naturelle, les fibromes ne grandissent plus (en général ils diminuent de volume) et on peut les empêcher d'augmenter jusqu'à la ménopause après quoi ils s'atrophient. C'est l'effet obtenu lorsqu'on renverse une situation de dominance en œstrogènes. On peut contrôler les cycles anovulatoires en vérifiant les niveaux de progestérone sérique la semaine suivant une ovulation supposée. Des niveaux faibles indiquent une absence d'ovulation et la nécessité de supplémenter en progestérone naturelle. La cause de l'anovulation est incertaine mais elle indique probablement un épuisement prématuré des follicules ovariens, secondaire à la présence de toxines environnementales et de déficiences nutritionnelles très répandues aux États-Unis aujourd'hui.

Carcinome de l'endomètre

Ce désordre pelvien est un autre exemple de la dominance en œstrogènes. L'existence d'œstrogènes non contrebalancés par la progestérone est la seule cause du carcinome de l'endomètre. La progestérone naturelle et les progestatifs de synthèse protégeront tous deux la femme de cette maladie. Ce sujet important fera l'objet d'une discussion plus approfondie dans le chapitre 11 intitulé « Progestérone et cancer ».

RÉSUMÉ

Non seulement les fluctuations mensuelles des œstrogènes et de la progestérone naturelle préparent la femme à la procréation du point de vue de l'ovulation mais encore elles la prédisposent à être en bonne santé. De nombreuses plaintes concernant la région pelvienne de la femme viennent d'un déséquilibre dans ses hormones. Ce déséquilibre consiste le plus souvent en une déficience en progestérone naturelle. De nombreux facteurs en sont à l'origine : les déficiences nutritionnelles, le stress, les xéno-œstrogènes de l'environnement, les toxines, l'épuisement folliculaire et, bien sûr, le déséquilibre hormonal induit par la pilule contraceptive composée d'hormones de synthèse. Bien que ce livre ne soit pas conçu pour prendre en considération tous ces facteurs, il est important de reconnaître leur existence. Il est très important de se rappeler que la déficience en progestérone et la dominance en œstrogènes peuvent être reconnues et facilement traitées par une supplémentation en progestérone naturelle, surtout lorsqu'elle est combinée avec une approche qui prend en considération l'hétérogénéité multifactorielle des causes sous-jacentes. Une fois que ce concept est compris, un large éventail de désordres féminins actuellement traités par des procédures invasives et traumatisantes peuvent être mieux traités avec l'adjonction de progestérone naturelle.

Chapitre 9

LA PROGESTÉRONE
ET LE SYNDROME PRÉMENSTRUEL

Le syndrome prémenstruel (SPM) fait référence à un large éventail de symptômes, comprenant la totalité ou une partie de ceux qui suivent : gonflement, prise de poids, maux de tête, mal au dos, irritabilité, dépression, gonflement ou sensibilité des seins, perte de la libido et fatigue ; ils surviennent une semaine ou dix jours avant les règles et habituellement diminuent à l'arrivée ou juste après celles-ci. Les symptômes varient en intensité mais souvent ils ont un impact négatif sur la capacité de travail de la patiente et sur ses relations interpersonnelles. Les patientes parlent souvent d'un « raz de marée » de symptômes à leur arrivée et redoutent cette période prémenstruelle du mois. À cause de la périodicité prémenstruelle, on suspecte fortement une corrélation avec l'équilibre (le déséquilibre ?) hormonal. D'autres hypothèses incluent les stress émotionnel, les facteurs nutritionnels et les composants génétiques.

Le traitement du SPM a inclu dans le passé des diurétiques, des tranquillisants, des modifications alimentaires, l'exercice aérobic, les consultations psychiatriques, les suppléments thyroïdiens, les plantes, l'acupuncture et les suppléments de vitamines et de minéraux. Alors que chaque élément apporte une amélioration symptomatique, il est clair que le traitement

95

adéquat reste encore à découvrir. De nombreuses associations de type « aide toi toi-même » ont surgi autour des victimes de ce syndrome.

Si l'on compare les symptômes du SPM avec les effets secondaires des œstrogènes (voir p. 80) la ressemblance est frappante. Il y a environ dix ans, après avoir pris connaissance des travaux du docteur Katherine Dalton qui a donné une définition au syndrome et a obtenu des résultats positifs en utilisant des doses élevées de progestérone sous la forme de suppositoires rectaux, j'ai décidé de rajouter de la progestérone naturelle par voie cutanée à mon traitement pour le SPM. Les résultats furent impressionnants. La majorité (mais pas la totalité) de ces patientes ont rapporté une remarquable amélioration de leur complexe de symptômes y compris l'élimination de leur rétention d'eau et de leur prise de poids prémenstruelle. Étant donné que la plupart des symptômes sont d'ordre subjectif, l'absence objective de prise de poids est d'importance toute particulière pour vérifier les bénéfices de la progestérone naturelle dans le traitement du SPM. De plus, cela aide à clarifier et à prouver l'hypothèse selon laquelle les hormones en seraient la cause.

Comme nous l'avons décrit dans les chapitres précédants, les œstrogènes sont les hormones sexuelles dominantes pendant la première semaine après les règles. Avec l'ovulation le niveau de progestérone augmente et il est dominant pendant les deux semaines précédant les règles. La progestérone bloque de nombreux effets secondaires potentiels des œstrogènes. Un surplus d'œstrogènes ou une déficience en progestérone pendant ces deux semaines se manifeste par une exposition anormalement longue à une dominance en œstrogènes, préparant le terrain aux symptômes dus aux effets secondaires des œstrogènes. La validité de cette hypothèse peut être vérifiée en mesurant les niveaux de progestérone sérique entre les dix-huitième et vingt-cinquième jours du cycle. Des niveaux faibles de progestérone ont sans aucun doute un effet sur les centres hypothalamiques de régulation entraînant une hyperactivité de ces centres ainsi qu'une production accrue de FSH et LH. Ces hormones aussi jouent peut-être un rôle dans la symptomatologie complexe du SPM.

Cependant, la simple correction de la déficience en progestérone rétablira l'effet normal de rétroaction biologique et un fonctionnement normal de d'hypophyse.

Je voudrais ici attirer votre attention sur un point important. Le mot « syndrome » fait référence à un ensemble de symptômes qui semblent se produire en même temps, et cela n'implique pas l'existence de causes spécifiques (ou bien les causes en sont inconnues). Il est tout à fait possible que certains des symptômes du SPM viennent de causes autres qu'une déficience relative en progestérone. L'hypothyroïdie, par exemple, peut donner des symptômes tels que fatigue, maux de tête, perte de la libido, etc. et ainsi simuler le SPM. À l'inverse, la dominance en œstrogènes compromet l'activité de la glande thyroïde et pourra simuler une hypothyroïdie. Afin de faire une différenciation entre les deux on peut mesurer les niveaux sériques d'hormones de la thyroïde (T-3 et T-4) et de TSH (thyrotrophine). Des niveaux normaux de T-3 et de T-4 couplés avec des niveaux élevés de TSH suggèrent une activité affaiblie des hormones de la thyroïde plutôt qu'une réelle déficience de production des hormones de la thyroïde.

De la même manière, les personnes souffrant d'hypoglycémie réactive expérimentent souvent des symptômes ressemblant au SPM et bénéficieront d'ajustements nutritionnels. Cependant, il est nécessaire de savoir que les œstrogènes prédisposent à des déséquilibres des niveaux de sucre sanguin alors que la progestérone en permet un bon contrôle. De plus, il n'y a aucune raison de supposer que le syndrome n'implique pas de multiples facteurs œuvrant ensemble. Ainsi, il est vraisemblable que, bien qu'une relative déficience en progestérone puisse être le principal facteur dans la majorité des cas de SPM, il peut aussi y avoir d'autres facteurs qui méritent attention, surtout pour les cas qui ne trouvent pas un entier soulagement avec un traitement à base de progestérone.

Une question de fond est soulevée : pourquoi une femme relativement jeune (entre 30 et 35 ans) souffrirait-elle de déficience en progestérone ? Le SPM est-il une affection normale chez les femmes ou est-il secondaire à d'autres facteurs particuliers à notre culture ou dus à d'autres circonstances ? Les anthropologues nous parlent de peuples chez qui le SPM est inconnu ou pratiquement non existant. Les besoins nutritionnels des cycles menstruels doivent être satisfaits afin d'assurer un fonctionnement normal de ceux-ci. Ainsi, les déficiences nutritionnelles courantes dans notre société industrielle jouent probablement un rôle. Les xéno-œstrogènes identifiés récemment jouent peut-être aussi un rôle dans les déséquilibes hormonaux. Le stress est une cause bien connue d'irrégularités menstruelles. La survenue du SPM après l'utilisation de la pilule contraceptive pendant un certain temps n'est pas rare, suggérant que les hormones de synthèse et le fait d'empêcher une ovulation normale puissent par la suite entraver le fonctionnement normal des ovaires. Ces facteurs et d'autres encore doivent être pris en considération pour la compréhension et le traitement du SPM. Tout en tenant compte de cela, le problème de la normalisation de l'équilibre hormonal reste un facteur clé pour un traitement adéquat.

Le docteur Joel T. Hargrove du centre médical de l'université Vanderbilt a publié des résultats donnant 90 % de succès dans le traitement du SPM avec des doses orales de progestérone naturelle [1]. Cela correspond bien à ma propre expérience du traitement pour le SPM avec la progestérone naturelle transcutanée. La seule différence étant que ses patientes nécessitaient environ cinq à huit fois la dose journalière pour obtenir les mêmes effets que ceux que l'on obtient avec la progestérone naturelle transcutanée. La progestérone par voie orale est absorbée au niveau de l'intestin et est transférée au foie par la veine porte où une grande partie est métabolisée et conjuguée par l'acide glucuronique afin d'être éliminée dans la bile. Ce passage initial par le foie avec perte de progestérone au passage réduit l'efficacité de la progestérone orale d'environ 80 % ; la progestérone, cependant, ainsi que les œstrogènes et la testostérone, est bien absorbée par la peau (voir chapitre 11).

Étant donné que d'autres facteurs peuvent être à l'œuvre pour engendrer des symptômes semblables à ceux du SPM, il est nécessaire de prendre en compte ces autres facteurs (tels que l'alimentation, le stress et l'environnement) chez les patientes qui ne sont pas soulagées avec la progestérone naturelle.

RÉSUMÉ

Bien qu'il ne soit pas encore totalement compris, le SPM représente habituellement une réaction individuelle à la dominance en œstrogènes secondaire à une déficience relative en progestérone. Le traitement adéquat requiert la correction de ce déséquilibre hormonal et la technique la plus efficace pour l'obtenir à présent est la supplémentation en progestérone naturelle.

Chapitre 10

LA PROGESTÉRONE
ET L'OSTÉOPOROSE

L'ostéoporose est un désordre multifactoriel du squelette qui entraîne une déminéralisation et une perte progressive de la masse osseuse favorisant un risque accru de fractures. L'ostéoporose post-ménopausique fait référence à l'accélération de ce désordre chez les femmes après la ménopause. C'est le désordre osseux de type métabolique le plus répandu aux USA, affligeant la grande majorité des femmes après la ménopause, causant chaque année 1,3 million de fractures à un prix estimé à plus de 10 milliards de dollars. Le coût infligé à chaque personne en terme de qualité et de quantité de vie est inestimable. Les fractures ostéoporotiques les plus répandues sont celles des vertèbres, de l'avant-bras distal, du fémur proximal (la hanche), de l'humérus proximal (l'épaule), et des côtes ; la fracture de la hanche étant la plus coûteuse et probablement la plus invalidante. Elle apparaît plus tôt et avec une plus grande sévérité chez les femmes blanches originaires du nord de l'Europe et qui sont relativement minces ; elle est plus courante chez celles qui fument, qui font peu d'exercice et qui ont des carences en vitamine D, calcium ou magnésium, et chez celles dont le régime alimentaire est basé sur la consommation de viande plutôt que sur les légumes et les céréales complètes. L'alcoolisme est aussi un facteur de risque puissant. De plus, il existe probablement un élément génétique.

Équilibre hormonal et progestérone naturelle

La densité osseuse chez la femme est à son maximum vers l'âge de 30-35 ans après quoi un déclin progressif se produit jusqu'à la ménopause, époque à laquelle la vitesse de la perte osseuse s'accélère pendant trois à cinq ans et puis continue à une vitesse de 1-1,5 % par an. L'accélération ménopausique de la perte osseuse, constatée pour la première fois par F. Albright, PH. Smith et A.M. Richardson en 1941 [1], laissait supposer que le déclin des hormones sexuelles était un facteur causal. Vers le milieu des années 70, on a trouvé que l'administration d'œstrogènes chez des patientes ayant subi une oophorectomie, permettait de diminuer la perte de la masse osseuse en comparaison avec des patientes ayant également subi une oophorectomie, non traitées et servant de contrôle [2,3]. Le rôle des œstrogènes dans l'ostéoporose fut encore étayé par des études épidémiologiques qui démontraient que les femmes traitées avec des œstrogènes avaient moins de fractures que les femmes non traitées [4-8].

Cependant, comme l'ont fait remarquer Barzel et d'autres [19], les études précédentes souffraient d'un certain nombre de défauts tels que l'insuffisance du nombre de personnes impliquées dans l'étude, l'insuffisance de la durée de l'étude et le manque de précision de la technologie de mesure de la densité osseuse ; elles avaient en effet fait appel aux incidences de fractures des épiphyses ou à la morphométrie radiographique. De plus, ces études avaient tendance à inclure un nombre disproportionné de femmes ayant subi une oophorectomie ou ayant eu des bouffées de chaleur mais autrement en bonne santé. Il est maintenant généralement reconnu que le traitement à base d'œstrogènes ralentit bien la progression de l'ostéoporose mais ne la prévient pas et ne renverse pas la situation.

Pendant cette même période, il est également apparu évident que le traitement substitutif aux œstrogènes n'était pas sans risque. On a trouvé que les œstrogènes non contrebalancés par de la progestérone causaient rétention d'eau et de sel, augmentaient la coagulation du sang, encourageaient la synthèse des graisses, contrariaient la thyroxine, favorisaient la formation de fibromes utérins, favorisaient la mastodynie et les seins fibrokystiques, augmentaient les risques de cholélithiase, de cholécystite et de dysfonctionnement du foie et, plus inquiétant encore, augmentaient le risque de cancer de l'endomètre, de prolactinome de la glande pituitaire et probablement de cancer du sein. Par ailleurs, on a trouvé que le bénéfice du traitement substitutif aux œstrogènes sur les os après la ménopause s'estompait après trois à cinq ans. Ainsi, Barzel, après avoir examiné trente et une études impliquant un traitement de l'ostéoporose par les œstrogènes (1972-1987), conclut que « chez les femmes post-ménopausiques avec ostéoporose, le traitement aux œstrogènes peut ne pas apporter de bénéfice significatif et peut être associé à un grand nombre d'effets secondaires et de complications inacceptables » [9].

La médecine contemporaine s'obstine bizarrement à concentrer tous ses efforts dans la croyance unique que les œstrogènes sont le traitement clé de l'ostéoporose pour les femmes. C'est incroyablement étrange car même les livres médicaux les plus pointus ne soutiennent pas cela, comme le montrent les exemples suivants :
• *Cecil's Textbook of Medicine*, 18e édition, 1988 : « Les œstrogènes sont plus efficaces que le calcium mais ils ont des effets secondaires significatifs. » Souvenez-vous qu'au-dessus d'un minimum essentiel, la prise de calcium supplémentaire a peu ou pas d'effet sur l'ostéoporose.
• *Harrison's Principles of Internal Medicine*, 12e édition, 1991 : « Les œstrogènes peuvent diminuer la vitesse de résorption osseuse, mais la formation osseuse n'augmente généralement pas et par la suite elle diminue » et « les œstrogènes retardent la perte de la masse osseuse… cependant, la reconstruction osseuse est minimale ».
• Dans le « Medicine Text » de *Scientific American* remis à jour en 1991 on lit : « Les œstrogènes diminuent la résorption osseuse » mais « associée à la diminution de la résorption osseuse il y a une diminution de la formation osseuse. Ainsi, **on ne doit pas s'attendre à une augmentation de la masse osseuse avec les œstrogènes** (accentuation rajoutée). » Les auteurs discutent aussi des effets secondaires des œstrogènes incluant le risque de

cancer de l'endomètre qui « est multiplié par six chez les femmes qui reçoivent un traitement aux œstrogènes pendant cinq ans ; le risque est multiplié par quinze chez celles qui sont traitées sur le long terme. »

Si l'on poursuit notre recherche par des références qui défendent de manière ténue le traitement substitutif aux œstrogènes, les preuves en faveur des bénéfices apportés par les œstrogènes sur les os deviennent encore plus brumeux. Aucune étude sur les œstrogènes seuls n'a montré une augmentation de la masse osseuse. L'augmentation modérée de la masse osseuse dont parle Claus Christiansen et al.[10] s'est produite chez des femmes ménopausées à qui on a donné des œstrogènes avec un progestatif (noresthistérone acétate). Les données ne permettent pas de déterminer lequel de ces deux facteurs était responsable, ni si l'un ou l'autre était l'agent responsable.

Il est important de noter que depuis le milieu des années 70, lorsque le lien entre cancer de l'endomètre et œstrogènes fut observé, toutes les études sur la supplémentation hormonale des femmes ménopausées pour l'ostéoporose ont incorporé un progestatif en même temps que les œstrogènes. On n'a jamais pris en considération l'effet de confusion possible apporté par les progestatifs.

D'ailleurs, l'industrie pharmaceutique voyait le marché potentiel de l'ostéoporose comme une occasion extraordinaire pour vendre ses hormones brevetées. Les médecins furent bombardés de campagnes publicitaires via les journaux publicitaires, de symposiums promotionnels déguisés en « formation médicale continue » avec des crédits appropriés, des visites personnelles de vendeurs pharmaceutiques, boîtes d'échantillons gratuites en main, de références d'études médicales pondues grâce aux subventions généreuses de l'industrie, tous défendant les supposés bienfaits des œstrogènes sur les os ainsi que l'effet préventif des progestatifs (contre le cancer de l'endomètre). Ces dernières années, Prior et al [11] ont fourni la preuve sérieuse que la perte osseuse se produit chez les femmes en manque de progestérone malgré des niveaux adéquats d'œstrogènes. Cependant, les médecins continuent de proclamer que : « Les œstrogènes sont les seuls facteurs puissants dans la prévention de la perte osseuse [12]. » La puissance de l'idée fixe concernant les œstrogènes est le reflet de la victoire de la publicité sur la science.

Un peu de physiologie osseuse

Les os sont des tissus vivants et, à la différence des dents, ils peuvent grandir en même temps que le corps, se réparer quand ils sont cassés, et se renouveler continuellement au cours de la vie. On peut considérer que l'os est comme du cartilage minéralisé. Le squelette se développe au début de la vie fœtale, et grandit sous l'influence de l'hormone de croissance produite par l'hypophyse jusqu'à la puberté, époque à laquelle les hormones gonadotropes (sexuelles) entrent en jeu.

L'os est composé essentiellement de matière ostéoïde, une matrice collagéneuse non cellulaire qui se minéralise pour acquérir plus de résistance. En plus de soutenir notre poids, les muscles rattachés aux os sont responsables de leurs mouvements et imposent une force de torsion lorsque nous soulevons des objets lourds ou que nous bougeons contre une force de résistance. Ainsi, les os sont conçus pour la résistance à la compression et la résistance à la tension. Les animaux, tels que les requins, qui flottent dans l'eau mais qui ont une grande force musculaire pour nager ont des squelettes qui ne nécessitent pas d'être minéralisés. D'autres animaux tels que les méduses flottent aussi et n'ont pas de vrais muscles, ils n'ont pas de squelette du tout.

Les cellules qui construisent le tissu osseux (ostéocytes) se différencient entre ostéoclastes et ostéoblastes. Les ostéoclastes circulent en permanence dans l'os à la recherche d'os plus ancien déjà minéralisé et nécessitant un renouvellement. Les ostéoclastes résorbent (dissolvent) ces tissus osseux laissant derrière eux des espaces minuscules vides (*lacunae*). Les ostéoblastes interviennent ensuite et pénètrent dans ces espaces, produisant du nouveau tissu osseux. Cet incroyable processus de résorption continuelle (par les ostéoclastes) et de nouvelle formation osseuse (par les ostéoblastes), appelé remodelage, constitue le mécanisme qui permet la remarquable capacité de réparation et la résistance permanente de nos os.

À n'importe quelle étape de la vie, notre statut osseux est le fruit de l'équilibre entre ces deux fonctions de résorption osseuse et de nouvelle formation osseuse. Si les deux processus sont en équilibre, la masse osseuse et la résistance osseuse restent constantes. Pendant les années de croissance de notre squelette, la formation d'os nouveau générée par les ostéoblastes domine. Pendant les années après la puberté, les processus sont généralement équilibrés. L'ostéoporose est la perte de la masse osseuse résultant de la dominance des ostéoclastes, c'est-à-dire qu'il y a plus de résorption osseuse générée par les ostéoclastes que de nouvelle formation osseuse générée par les ostéoblastes. Une perte de la masse osseuse peut aussi être le résultat de plusieurs carences en divers facteurs essentiels, tels que calcium, vitamine D, etc. Lorsque ce phénomène se produit, on lui donne les noms suivants : rachitisme, ostéomalacie, ou le nom générique ostéopénie.

La vitesse à laquelle les tissus osseux se renouvellent est assez remarquable. L'os compact (appelé os cortical) des diaphyses des os longs est composé de longues colonnes cylindriques entourant de minuscules canaux tubulaires (les *canaliculi*) contenant les vaisseaux sanguins nutritifs et les ostéocytes. La densité et la structure de l'os cortical lui confèrent une grande résistance à la tension. Le temps pour le renouvellement complet est d'environ dix à douze ans. Il existe aussi de l'os moins dense (appelé os spongieux) ne conférant qu'une résistance à la compression, qui est constitué d'un réseau de fins spicules irréguliers appelés trabécules ; cette variété d'os se situe principalement aux extrémités des os longs, dans l'os du talon et dans les vertèbres. Le temps de renouvellement complet pour ces os n'est peut-être que de deux à trois ans. Ainsi, l'ostéoporose apparaîtra plus tôt dans l'os spongieux que dans l'os cortical. Ainsi, l'évolution (ou la régression) de l'ostéoporose se manifestera plus tôt dans l'os spongieux. Ce phénomène a une importance clinique ainsi que nous allons le montrer dans la suite du récit.

L'hypothèse de la progestérone

Comme nous l'avons évoqué plus haut, l'ostéoporose chez les femmes débute généralement vers l'âge de 35 ans, souvent quinze ans avant la ménopause, avec un taux de perte osseuse d'environ 1 % par an. Avec la ménopause, la perte osseuse s'accélère pour atteindre 3 à 5 % par an pendant cinq ans environ, après quoi la perte osseuse continue à un taux de 1,5 % par an. Si l'hypothèse présumant que les œstrogènes sont à l'origine de l'ostéoporose est vraie, il n'y aurait aucune raison à la perte préménopausique de la masse osseuse lorsque les niveaux d'œstrogènes restent élevés. Il est évident qu'il y a quelque chose qui ne va pas avec cette hypothèse. Peut-être alors que la progestérone est l'hormone la plus importante. Car c'est pendant ces années avant la ménopause que le niveau de progestérone diminue, cela étant dû à l'existence de cycles anovulatoires.

La perte osseuse accélérée, conséquence de la ménopause suggère l'effet supplémentaire dû à la perte des œstrogènes. Souvenez-vous, cependant, que cette étape de perte accélérée ne dure que quatre à cinq ans et puis le taux plus courant de perte osseuse de 1-1,5 % par an [13] reprend, suggérant que l'effet dû aux œstrogènes est sujet à un ajustement par les cellules osseuses effectuant une manœuvre d'adaptation.

Les preuves dont on dispose actuellement suggèrent que les effets des œstrogènes envers la masse osseuse sont uniquement liés à l'effet des ostéoclastes sur la résorption osseuse. Manolagas et al [14] ont signalé que le manque d'œstrogènes stimule la production d'interleukine-6 qui à son tour stimule la croissance des ostéoclastes, augmentant ainsi la résorption osseuse. Il n'y a aucune preuve convaincante de l'existence de récepteurs d'œstrogènes dans les ostéoblastes. Cet effet d'augmentation de la résorption osseuse activée par les ostéoclastes et

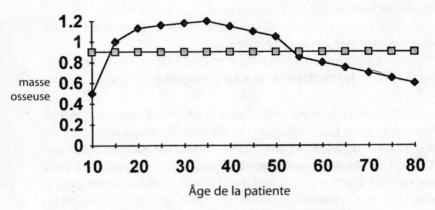

Schéma 11. La masse osseuse (g/cm³) en fonction de l'âge d'une femme.

Graphique de la masse osseuse par rapport à l'âge ; la ménopause survenant à 50 ans. La masse osseuse en dessous de la ligne horizontale représente le niveau en dessous duquel le risque de fracture est accru. Notez la perte accrue de la masse osseuse durant les cinq années après la ménopause. Notez aussi que la perte de la masse osseuse démarre un certain nombres d'années avant la ménopause réelle.

due à un manque d'œstrogènes se remarque davantage dans les cinq années juste après la ménopause. Après cette période, l'utilisation continue d'œstrogènes est relativement inefficace, la perte osseuse continuant au même rythme que chez les femmes ne prenant pas d'œstrogènes.

Par ailleurs, Prior a démontré [15] que la progestérone avait des récepteurs dans les ostéoblastes et qu'elle est donc plus à même d'influencer une nouvelle formation osseuse. En plus, d'autres études de plus petite envergure [16-19] ont démontré le modeste bienfait sur la masse osseuse (quoique moins importante qu'avec la progestérone naturelle) de l'utilisation de progestatifs de synthèse. De ces preuves existantes on peut faire plusieurs déductions.

• **Les œstrogènes ralentissent la résorption osseuse par les ostéoclastes.**
• **La progestérone naturelle stimule la nouvelle formation osseuse par les ostéoblastes.**
• **Certains progestatifs peuvent stimuler la nouvelle formation osseuse mais à un degré moindre.**

Puisqu'il est clair que (1) les œstrogènes peuvent ralentir mais non inverser l'ostéoporose, et que (2) les œstrogènes ne peuvent pas protéger contre l'ostéoporose lorsque la progestérone est absente, l'adjonction de progestérone naturelle devrait pouvoir protéger ou traiter l'ostéoporose après la ménopause. Par ailleurs, puisqu'une certaine quantité d'œstrogènes est fabriquée d'une façon endogène chez les femmes ménopausées, il est possible que la progestérone seule soit suffisante pour protéger contre et/ou renverser l'ostéoporose. C'est en fait ce qui se passe. Depuis 1982, j'ai traité l'ostéoporose des femmes méno-

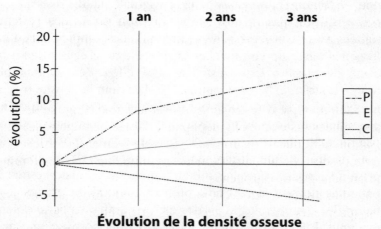

Évolution de la densité osseuse
– P, progestérone seule
– E, traitement œstrogénique
– C, contrôle, pas de substitution du tout

Schéma 12. Modifications de la DMO sur trois ans utilisant 1) de la progestérone, 2) des œstrogènes, 3) sans thérapie thormonale (contrôles).

pausées avec une crème à base de progestérone naturelle, un programme alimentaire associé à des suppléments de vitamines et de minéraux et un peu d'exercice, et j'ai pu démontrer un véritable réversion de l'ostéoporose même chez des patientes ne prenant pas d'œstrogènes [20-22]. Voir le schéma 12 page précédente qui illustre les différences entre les variations de densité minérale osseuse (DMO) sur une période de trois ans dans un groupe de soixante-trois patientes prenant des suppléments de progestérone, l'effet typique du traitement hormonal à base d'œstrogènes et le cours normal du groupe contrôle sans traitement hormonal.

Dans ce graphique, nous pouvons voir que la patiente ménopausée non traitée, avec ostéoporose, perdra 1,5 % de masse osseuse par an ; qu'un supplément d'œstrogènes aura tendance à maintenir la masse osseuse, mais que seulement l'addition de la progestérone naturelle augmentera la masse osseuse, renversant ainsi le processus ostéoporotique.

On a donné à une minorité de patientes, utilisant de la progestérone naturelle en crème, une dose minimale d'œstrogènes pour le traitement de la sécheresse vaginale, tandis que la majorité n'utilisait pas d'œstrogènes. Environ 40 % des patientes traitées avec la progestérone avaient pris des suppléments d'œstrogènes avant de commencer la progestérone et la plupart ont cessé de prendre leurs œstrogènes si elles n'en avaient plus besoin pour la sécheresse vaginale. Celles dont la densité osseuse lombaire était la plus faible ont montré la plus forte réaction à la progestérone. Nous avons aussi vu que la comparaison entre des patientes de plus de 70 ans et des patientes ayant moins de 70 ans n'a montré aucune différence dans leur réponse osseuse à la prise de progestérone. Par ailleurs, nous avons observé que les patientes de plus de 80 ans, prenant toujours la progestérone naturelle, continuent d'avoir des os résistants sans perte osseuse évidente. L'âge n'est pas la cause de l'ostéoporose ; une mauvaise nutrition, un manque d'exercice physique et une déficience en progestérone en sont les facteurs principaux.

Autres facteurs contribuant à l'ostéoporose

Un traitement efficace pour l'ostéoporose post-ménopausique nécessite la prise en compte de plusieurs facteurs connus comme ayant une action sur la construction osseuse. Il est probable qu'à l'avenir notre connaissance de l'ostéoporose s'étende et que l'on utilise des méthodes supplémentaires. La construction osseuse doit être considérée comme une chaîne de facteurs liés les uns aux autres, dont chaque maillon doit être fort pour que la chaîne puisse être forte. Puisque le calcium est le minéral dominant pour la construction osseuse, il est utile de suivre la chaîne d'événements qui facilitent son utilisation par les os depuis l'ingestion jusqu'à l'absorption dans l'os.

CALCIUM INGÉRÉ

facteurs incitatifs
acide chlorhydrique gastrique (HCl)
et vitamine D

CALCIUM ABSORBÉ

exercice, progestérone (stimule les
ostéoblastes), œstrogènes (freinant les
ostéoclastes), magnésium, micronutriments,
éviter l'excès de protéines, de diurétiques,
d'antibiotiques, de fluor, et d'acidose
métabolique

INCORPORATION OSSEUSE

Nous prendrons en considération chacune de ces étapes.

Le calcium

Le rôle du calcium dans la construction osseuse est le plus reconnu. Lorsque les autres facteurs sont pris en compte, notre consommation de calcium doit être de 0,6 à 0,8 g (600-800 mg) par jour. Environ 98-99 % du calcium de notre corps se situe dans les os où il sert à la minéralisation osseuse et comme réservoir d'où il est puisé pour satisfaire à d'autres demandes homéostatiques telles que les niveaux sériques de calcium. Ce processus est facilité essentiellement par l'hormone parathyroïdienne.

L'origine de tout calcium est le sol de la terre, et notre source alimentaire principale provient des plantes (particulièrement les légumes à grandes feuilles) qui incorporent dans leur structure le calcium ainsi que d'autres minéraux, vitamines et composés riches en énergie qui en facilitent l'absorption. Le calcium, pour être absorbé, nécessite à la fois le HC1 gastrique et la vitamine D. Les personnes âgées (généralement au-dessus de 70 ans) manquent souvent d'une quantité suffisante d'acide gastrique pour une bonne absorption. On peut y remédier, à condition de le détecter, par des suppléments de HC1 pris avec les repas.

Le point de vue classique mis en avant et sponsorisé par les associations laitières est que les produits laitiers sont les principales sources de calcium. Ce qui manque à ce point de vue amusant est le fait que bien plus de 70 % de la population de la terre vit dans la zone équatoriale (entre le tropique du cancer et le tropique du Capricorne), où l'alimentation végétale pousse durant toute l'année et où le lait de vache n'est pas consommé. Ces personnes ont de meilleurs os que nous qui vivons dans la région industrialisée de l'hémisphère Nord. Ce qui manque aussi à ce point de vue « laitier » est le fait que les vaches obtiennent le calcium pour leurs os et pour leur lait des plantes qu'elles mangent.

Toutes choses confondues par ailleurs, les végétariens ont généralement des os mieux minéralisés que les omnivores (ceux qui consomment de la viande). La viande est riche en protéines ; l'élimination urinaire des déchets provenant des protéines entraîne des pertes excessives de calcium, c'est ce que l'on appelle un bilan calcique négatif. Il est vrai que certaines personnes peuvent adapter un régime riche en viande en ingérant et en absorbant plus de calcium pour équilibrer cette perte urinaire de calcium, mais cette stratégie n'est pas nécessaire si on a un régime essentiellement végétarien. Aux USA, la médecine actuelle recommande 1200-1500 mg de calcium par jour (deux fois la quantité nécessaire aux végétariens) pour la prévention de l'ostéoporose.

L'incorporation du calcium dans les os est une fonction des enzymes qui utilisent le magnésium comme co-catalyseur. S'il y a une carence en magnésium, le calcium a moins de chance de devenir os et plus de chance d'apparaître comme des calcifications aux points d'insertion des tendons, des tissus périarticulaires, des articulations, entraînant tendinite, bursite, arthrite, et la formation d'ostéophytes. Ainsi, une bonne formation osseuse nécessite non seulement du calcium mais du magnésium en quantité suffisante ; le magnésium est un minéral souvent déficient dans notre alimentation (voir plus loin la section sur le magnésium).

Si une supplémentation en calcium est indiquée, il faut savoir que tous les suppléments de calcium ne sont pas de qualité égale. Le carbonate de calcium est le moins cher et c'est aussi celui qui est le moins bien absorbé. Cela est relativement peu important car il est facile de prendre des doses plus fortes. Le citrate de calcium est plus cher mais permet une meilleure absorption du calcium lorsque le HCl gastrique est faible. Il faut donc préférer cette forme de calcium pour les patientes plus âgées.

Le phosphore

Le phosphore est le minéral le plus abondant dans les os après le calcium. Les spécialistes des os considèrent que le rapport idéal entre phosphore et calcium doit se situer en dessous de 1,5. La consommation excessive de phosphore produit un déséquilibre dans ce rapport entraînant une diminution de l'absorption du calcium.

Pour la formation osseuse, il est important de respecter un bon rapport entre phosphore et calcium. Le calcium et les phosphates se combinent tout d'abord pour former du phosphate tricalcique amorphe qui est converti en hydroxyapatite cristallin par un processus non reversible d'hydrolyse, $[Ca_3(PO_4)_2]_3$, $Ca(OH)_2$. Si le phosphore est élevé par rapport au calcium, les ostéoclastes augmentent en taille, en nombre et en activité en réponse à l'hormone de la parathyroïde (PTH), cela entraîne une plus grande activité des ostéoclastes et une plus grande résorption osseuse. Cette action dépend des ostéoblastes voisins qui sont les cibles principales du PTH étant donné que les ostéoclastes ne contiennent pas de récepteurs pour le PTH. Le PTH incite les ostéoblastes à libérer des effecteurs locaux (probablement l'interleukine 1 ou une prostaglandine) dont l'objet est de stimuler la résorption osseuse par les ostéoclastes. Ainsi, bien que le phosphore soit nécessaire pour les os, un excès de phosphore par rapport au calcium peut en fait entraîner une perte osseuse. Comme l'alimentation des Américains est en fait riche en phosphore, une supplémentation n'est pas indiquée. Des boissons type « sodas » (contenant artificiellement du gaz carbonique) sont riches en phosphore et pauvres en calcium, comme l'est la viande rouge. Les deux doivent être consommés en quantité limitée.

Le magnésium

Le magnésium, au troisième rang des minéraux dans les os, augmente non seulement l'absorption du calcium mais favorise son rôle dans la minéralisation osseuse. Les carences en magnésium sont courantes chez les Américains, cela étant dû aux techniques agricoles, à la transformation que subissent nos aliments et à nos choix alimentaires. Ce minéral important se trouve en abondance dans les oléagineux, les graines, les céréales et les légumes de toutes sortes, autrement dit le régime alimentaire de nos ancêtres. Nos céréales, à l'origine riches en magnésium, sont raffinées. C'est un procédé qui enlève la couche fibreuse externe contenant le magnésium, le zinc et d'autres minéraux. Nous mangeons davantage de viande (pauvre en magnésium) et de produits laitiers (avec un mauvais rapport magnésium/calcium). Les engrais chimiques que nous utilisons contiennent de grandes quantités de potassium qui est un antagoniste du magnésium. Cela a pour conséquence une diminution de magnésium jamais vue dans notre alimentation. Par ailleurs, la consommation de sucre et d'alcool augmente l'élimination urinaire du magnésium, entraînant une carence de celui-ci.

Il est intéressant de constater que le chocolat est riche en magnésium. Les envies de chocolat sont souvent l'indication d'une carence en magnésium, et cette envie disparaîtra avec une prise suffisante de ce minéral.

Ainsi que nous l'avons décrit ci-dessus, une déficience en magnésium diminue l'utilisation du calcium pour la construction osseuse et résulte en des dépôts de calcium dans les tissus mous plutôt que dans les os. Lorsqu'il y a déficience en magnésium, il se développe une déficience en calcium malgré une supplémentation adéquate. Lorsqu'il y a suffisamment de magnésium, le niveau de calcium augmente, même sans suppléments de calcium. Ainsi, des choix alimentaires appropriés et une supplémentation suffisante en magnésium sont essentiels pour la santé des os. Une dose moyenne de magnésium en supplément est d'au moins 300 mg par jour.

D'autres minéraux participant à la construction osseuse

Le zinc est un co-catalyseur essentiel pour les enzymes qui convertissent le bêta-carotène en vitamine A à l'intérieur des cellules. Cela est particulièrement important pour la construction de la matrice collagénique du cartilage et des os. Comme le magnésium, le zinc est un des minéraux qui sont perdus avec le raffinage des céréales. En conséquence, le régime typique des Américains est déficient en zinc et un modeste supplément (15-30 mg par jour) est conseillé.

La manganèse, le bore, le strontium, le silicium et le cuivre participent aussi à une construction osseuse saine. Une alimentation faite de produits non raffinés est généralement suffisante pour apporter ces minéraux.

La vitamine D

La vitamine D est essentielle pour le transport du calcium et du phosphore des intestins au plasma sanguin. Elle permet la réabsorption du calcium et du phosphate de l'urine quand elle passe à travers les tubules rénales et elle favorise la minéralisation des os. C'est donc un élément majeur dans la construction osseuse. S'il y a carence en vitamine D chez les jeunes enfants, les os ne sont pas complètement minéralisés et cela se traduit par des poignets et des chevilles plus volumineux et des jambes arquées, il s'agit du rachitisme. Décrit pour la première fois en 1650 par le professeur Glisson de Cambridge, ce n'est qu'au début du vingtième siècle qu'on a appris que le rachitisme était limité aux populations manquant d'huile de poisson ou d'une exposition suffisante au soleil [23]. On a appelé le facteur manquant la vitamine D, c'était en effet la quatrième vitamine a être découverte (après les vitamines A, B, et C). La même maladie chez les adultes est appelée ostéomalacie (os mous), le terme générique étant ostéopénie (déficience osseuse).

La synthèse de la vitamine D

La synthèse de la vitamine D dans la peau suit un cheminement à partir du 7-déhydrocholestérol qui, par l'action des rayons ultraviolets, subit une scission (une coupure comme avec des ciseaux) de l'anneau B pour former la prévitamine D3 qui est ensuite modifiée pour former la vitamine D3 ou cholécalciférol (la vitamine D naturelle que l'on trouve dans les huiles de poisson). Une deuxième forme de vitamine D peut être obtenue en irradiant l'ergostérol avec de la lumière ultraviolette créant la vitamine D2 ou ergocalciférol qui ne se différencie que légèrement de la D3 par la structure de sa chaîne latérale et qui est biologiquement identique à la D3.

Depuis sa découverte, il y a quarante ans, on a trouvé que la vitamine D devait subir une conversion métabolique supplémentaire pour parvenir à sa forme active, la 1,25-dihydroxy-vitamine D3. Cela implique une hydroxylation à la position C-25 (par le foie) et puis une autre à la position C-1 (par les reins). Pour ceux qui sont intéressés, les illustrations des transformations moléculaires de la synthèse et des modifications de la vitamine D sont présentées dans les schémas 12 et 13.

Dans la fabrication de la vitamine D2, un stérol végétal, l'ergostérol, est irradié par les rayons ultraviolets. Dans la peau, le 7-déhydrocholestérol est synthétisé à partir du cholestérol, puis est converti par les rayons ultraviolets en vitamine D3 (cholécalciférol). Biologiquement, les deux sont équivalents.

La conversion de D3 en sa forme active est montrée dans le schéma 14.

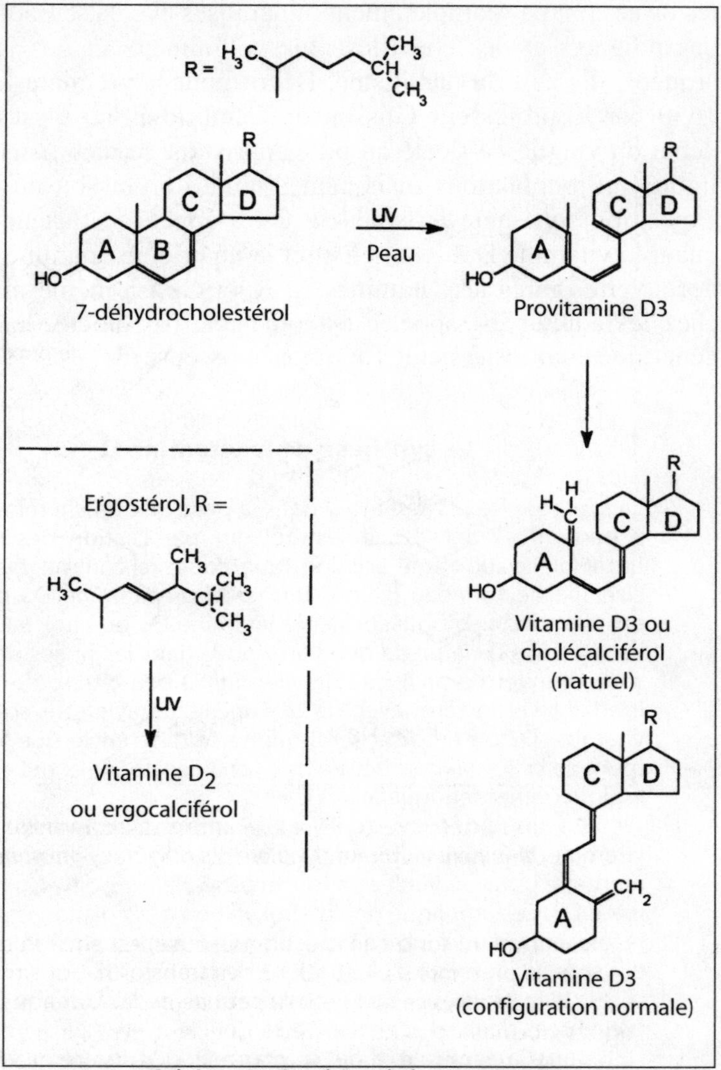

*Schéma 13. Synthèse de la vitamine D3
par l'action de la lumière ultraviolette..*

Pour des raisons inconnues à ce jour, les reins produisent à la fois aussi bien la 1,25 (OH)2 - D3 et la 24,25 (OH)2 - D3. En fait, la concentration plasmatique de cette dernière (qui n'a d'effet ni

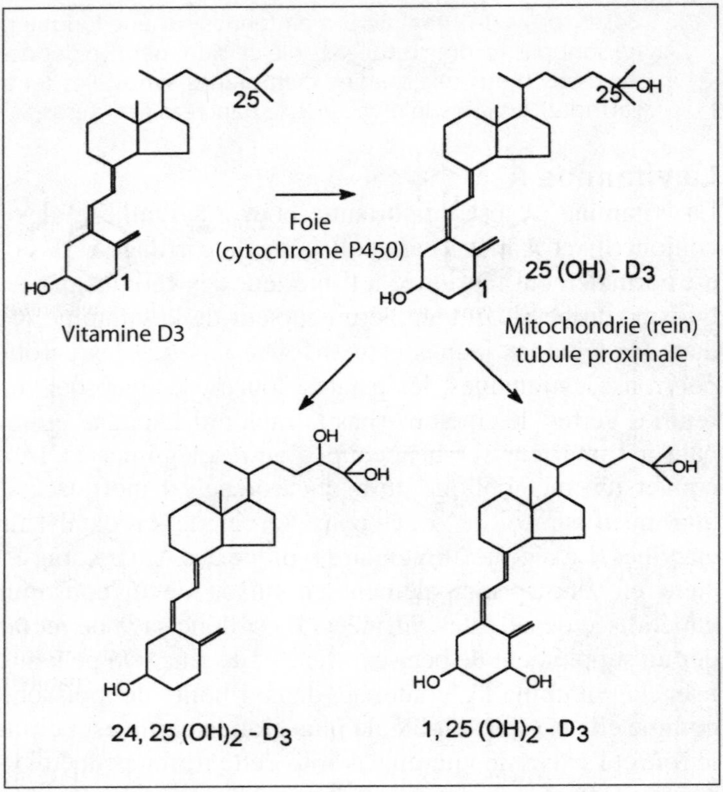

Schéma 14. Métabolisme de la vitamine D3 : conversion en 24,25-dihydroxy-vitamine D3 et en1,25 dihydroxy-vitamine D3.

sur le calcium ni sur la construction osseuse) est environ cent fois celle de la première (la 1,25 (OH)2 - vitamine D3).

Dans de rares cas un patient peut avoir des niveaux plasmatiques normaux de D2 mais être déficient en 1,25 (OH)2 - D3, indiquant un défaut dans la conversion normale de D2. Les patients dont les analyses sanguines confirment des niveaux bas de ce métabolite malgré une D2 normale nécessitent un supplément de 1,25 (OH)2 - D3 à la place du cholécalciférol habituel.

Il arrive souvent que l'on ait une carence en vitamine D pendant les mois d'hiver et cela arrive souvent aussi chez les personnes âgées. Des suppléments de 300-400 UI de vitamine D (cholécalciférol) sont suffisants pour la plupart des patients. Des doses fortes de vitamine D maintenues sur une longue période ne sont pas recommandées car le calcium peut se déposer dans les tissus mous tels que les membranes synoviales (entraînant l'arthrite), les reins, le myocarde, le pancréas et l'utérus.

La vitamine A

La vitamine A est importante pour la synthèse des tissus conjonctifs et la matrice de collagène du cartilage et des os. Elle est normalement fabriquée à l'intérieur des cellules par le métabolisme du bêta-carotène, le précurseur de la vitamine A trouvé dans les légumes jaunes et vert foncé tels que les carottes, les poivrons, les ignames, les patates douces, les haricots verts, les feuilles vertes, les melons (pas le melon d'Espagne qui est vert pâle à l'intérieur) et beaucoup d'autres légumes et fruits. La conversion métabolique du bêta-carotène est inefficace s'il y a une insuffisance de zinc pour servir de co-catalyseur aux enzymes. Le régime alimentaire typique des Américains est déficient en zinc, principalement en raison de la consommation généralisée de céréales raffinées. Il est donc sage de recommander un supplément de bêta-carotène et de zinc. On peut aussi utiliser la vitamine A contenue dans l'huile de poisson, mais comme elle est liposoluble, la plus grande partie est perdue dans le foie et l'excès de vitamine A sous cette forme peut être toxique pour le foie et le cerveau.

La vitamine C (acide ascorbique)

Cette vitamine est essentielle pour la synthèse et la réparation de tout le collagène, y compris le cartilage et la matrice osseuse. Chez tous les animaux, la vitamine C est synthétisée à un taux journalier de 4 g par 75 kilos d'animal excepté quelques espèces tels les chauves-souris d'Inde, le singe Rhésus, le cobaye, la perruche, et les humains. La plupart des animaux, qui ne fabriquent pas de vitamine C, choisissent (s'ils le peuvent) un régime qui leur fournit cette quantité de vitamine C. Le régime typique des Américains fournit 60 mg de vitamine C, ou 1/70 de ce qui est la norme chez les animaux. Généralement, un supplément de vitamine C ne doit pas être inférieur à 2 g par jour.

La vitamine K

Cette précieuse vitamine nécessaire pour la coagulation normale du sang est aussi un facteur bénéfique dans la construction osseuse. Des études indiquent que la vitamine K réduit l'élimination du calcium et aide à la liaison entre l'ostéocalcine (une protéine importante pour les os) et les cristaux d'hydroxyapatite. Heureusement pour la plupart d'entre nous, notre flore bactérienne du côlon synthétise des quantités journalières suffisantes si les circonstances sont normales. Cependant l'utilisation prolongée d'antibiotiques à large spectre peut réduire la flore intestinale rendant la production de vitamine K déficiente. Pour ces patientes, des suppléments de vitamine K pourraient s'avérer nécessaires non seulement pour maintenir la coagulation normale du sang mais aussi pour les bienfaits sur les os et la prévention de l'ostéoporose.

La vitamine B6, pyridoxine

Le pyridoxal-5-phosphate, la forme active de la vitamine B6, est un co-catalyseur avec le magnésium pour un grand nombre d'enzymes. En tant que tel, il favorise la production de progestérone et réduit les réactions inflammatoires dans les tissus conjonctifs et aide à la réparation du collagène. Plusieurs études ont trouvé des niveaux bas de B6 chez les patientes ostéoporotiques, en comparaison avec des contrôles du même âge. Puisque cette vitamine est économique et que son utilisation ne présente aucun danger aux dosages efficaces (50 mg une ou deux fois par jour), il est sage de supplémenter en B6 en même temps qu'en magnésium.

L'exercice

L'exercice a un effet sur la construction osseuse. Le fait d'immobiliser un bras dans une écharpe pendant une période prolongée entraînera une perte de la masse osseuse dans le bras. L'immobilisation au lit produira une perte osseuse dans tout le squelette. Les astronautes, dans un environnement sans pesanteur (en fait une pesanteur équilibrée par la force centrifuge) perdent du calcium dans un délai de quelques jours. L'os minéralisé (hydroxyapatite) est une structure cristalline et répond au stress physique comme font d'autres structures cristallines. Notamment, n'importe quelle force qui aura tendance à déformer la structure cristalline génère un voltage électrique appelé effet piézoélectrique, produisant un faible courant électrique (découvert par Pierre Curie en 1883). La même chose se produit dans l'os minéralisé et peut expliquer l'étonnante capacité des ostéoclastes et des ostéoblastes à construire et à renforcer les trabécules osseux selon des trajectoires le mieux adaptées pour un maximum de résistance et d'efficacité physique. Quand les trabécules sont visionnées sous un microscope, elles ressemblent aux salles voutées et aux arcs-boutants des grandes cathédrales gothiques.

Les inventions contemporaines rendent nos vies plus faciles et les moyens de transport motorisés ont beaucoup réduit la quantité d'exercice physique qui faisait jadis partie de la vie quotidienne. Ce manque d'exercice diminue les stimuli qui encouragent la résistance osseuse. Cela, en même temps que les carences nutritionnelles, est probablement la raison principale de la diminution de la minéralisation osseuse. Quand on compare la densité minérale osseuse des squelettes d'aujourd'hui avec ceux enterrés il y a deux siècles, comme cela a été récemment rapporté dans le *Lancet*, on voit que les os « anciens » ont une meilleure densité osseuse que les os « modernes » [24].

Le type d'exercice bénéfique pour les os est relativement peu important à condition que l'exercice implique une forme de résistance. La construction osseuse ne se produit pas en l'absence de stress physique sur les os. Cependant, dans le cas d'ostéoporose avancée, on doit prendre soin d'éviter une résistance excessive qui pourrait augmenter le risque de fracture.

Les facteurs nuisibles pour les os

De même que l'on doit prêter attention aux facteurs qui encouragent la formation d'os solides, on doit aussi s'occuper des facteurs nuisibles pour les os. Voici la liste de ces facteurs.

Le problème des protéines

Les protéines sont essentielles pour la croissance et la réparation des tissus et pour la synthèse des enzymes, des acides nucléiques, des neurotransmetteurs et de certaines hormones (par exemple l'insuline). Depuis de nombreuses années, la science adhérait au concept consistant à recommander la consommation de grandes quantités de protéines (120-185 g par jour), fondé sur la théorie de Liebig (début du XIXᵉ siècle) affirmant que les protéines musculaires étaient en effet brûlées par l'activité physique et devaient être remplacées constamment. En 1905, Chittenden a été le premier à suggérer qu'une forte consom-mation de protéines n'était pas nécessaire. Cependant, ce n'est que récemment que la science a accepté que les besoins protéiniques des adultes se situent généralement autour de 40-60 g par jour [25].

Si on consomme plus de protéines qu'il est nécessaire pour des raisons nutritionnelles, elles ne sont pas stockées dans le corps (comme l'est la graisse par exemple) mais elles doivent être éliminées. L'excès de protéines est catabolisé et les déchets sont éliminés dans les urines. L'élimination rénale des déchets de protéines augmente l'élimination urinaire de calcium. Le rapport entre le calcium ingéré et le calcium perdu dans les urines est appelé balance calcique. Une forte consommation de protéines entraîne une balance calcique négative (davantage de calcium est perdu par rapport à ce qui a été ingéré). Les exigences homéostatiques pour maintenir un niveau stable de calcium sérique entraînent la mobilisation du calcium des os pour remplacer le calcium perdu. C'est la raison principale pour laquelle les végétariens ont généralement de meilleurs os que ceux qui consomment de la viande à la manière des Américains.

En calculant la consommation de protéines, il est important de prendre en compte le contenu protéinique de différents aliments. La liste suivante peut être utile.

La majorité des viandes .... environ 25 %
Poulet, dinde, fromages et poissons.............................. 25-30 %
Les légumes secs, pois et les oléagineux .... environ 10-12 %
Autres légumes .... à partir de 3,5-10 %
Un œuf (le blanc) .... environ 6 g

Les diurétiques

Les diurétiques augmentent le volume d'urine et sont largement utilisés en médecine pour traiter l'œdème, la maladie cardiaque congestive, ou la rétention d'eau quelle qu'en soit la cause. Il y a corrélation entre l'utilisation de diurétiques et l'augmentation du risque de fractures. Plusieurs types de diurétiques entraînent une augmentation de l'élimination urinaire des minéraux. Le Furosémide (Lasilix) est le diurétique le plus souvent prescrit. C'est aussi celui qui favorise une plus grande perte de calcium ; c'est potentiellement une cause d'ostéoporose. Les diurétiques thiaziques retiennent le calcium mais ont tendance à augmenter le risque de fractures en obligeant les personnes âgées à uriner la nuit, augmentant ainsi le risque de chutes accidentelles dans la salle de bains. L'alimentation, si possible, est une meilleure approche des problèmes de rétention d'eau. Si on doit utiliser des diurétiques, il est sage de choisir ceux qui n'augmentent pas la perte du calcium.

Les antibiotiques

Les antibiotiques à large spectre tuent la flore intestinale bénéfique qui fabrique pour nous la vitamine K. La vitamine K favorise la construction osseuse. Des prises fréquentes ou à long terme d'antibiotiques entraînent des niveaux bas de vitamine K et ainsi entravent la construction osseuse. Si on doit prendre des antibiotiques, il est sage de prendre un supplément de vitamine K et de rétablir la flore intestinale avec du *L. acidophilus*.

Le fluor

Pendant un certain nombre d'années, certaines personnes particulièrement enthousiasmées par les effets du fluor en ont proclamé les bienfaits pour les os. Le fait est que le fluor peut augmenter légèrement l'aspect de la masse osseuse donné par les radios mais l'os « fluoré » est d'une qualité inférieure et en réalité augmente le risque de fractures de la hanche. Cela a été prouvé non seulement avec des doses de fluor utilisées dans le « traitement » de l'ostéoporose (par exemple 15-20 mg par jour) [26, 28], mais aussi avec les doses obtenues avec l'eau lorsque celle-ci est traitée avec du fluor (par exemple 3-5 mg par jour) [29, 32]. Le fluor est un puissant inhibiteur enzymatique et produit dans les os des changements pathologiques qui entraînent une augmentation des risques de fractures. On doit éviter le fluor sous toutes ses formes y compris les pâtes dentifrices.

L'acidose métabolique

L'acidose métabolique fait référence aux processus métaboliques qui tendraient à augmenter l'acidité du sang (pH plus faible). Il est nécessaire que le corps conserve un pH sanguin dans des limites très étroites. Le calcium est utilisé comme élément tampon dans les mécanismes homéostatiques correctifs. Les fumeurs, par exemple, développent de l'emphysème, ou d'autres maladies pulmonaires chroniques et obstructives entraînant une rétention de dioxide de carbone dans les poumons et une augmentation de l'acide carbonique sérique. La réponse du corps à une menace d'acidose est de tamponner l'excès d'acidité avec du calcium généralement puisé dans les os.

L'abus d'alcool

L'ostéoporose est répandue chez les alcooliques, qu'elle soit due à un effet toxique de l'alcool sur les os, à une perte de magnésium, ou à des carences nutritionnelles. Un puissant facteur de risque pour l'ostéoporose est une consommation d'alcool supérieure à la moyenne.

L'hyperthyroïdie

L'hyperthyroïdie, particulièrement celle qui résulte d'un excès de supplémentation en L-thyroxine, accélère la résorption osseuse et encourage ainsi l'ostéoporose, probablement par la stimulation de l'activité des ostéoclastes. Les personnes prenant des suppléments de L-thyroxine devraient être contrôlées régulièrement pour vérifier leur TSH (*thyroid stimulating hormone*) afin de prévenir le risque de perte osseuse.

CONCLUSION

Après avoir résumé les divers facteurs nécessaires à la santé et à la résistance des os ainsi que les facteurs nuisibles, il est important d'exposer à nouveau la thèse centrale de ce chapitre.

L'ostéoporose après la ménopause est une maladie de la formation osseuse, liée à une insuffisance d'activité des ostéoblastes, secondaire à une déficience en progestérone. La progestérone rétablit la fonction des ostéoblastes. La progestérone naturelle est un facteur essentiel dans la prévention et le traitement correct de l'ostéoporose.

On doit ajouter que chez les hommes la testostérone remplit la même fonction que la progestérone. Quand tous les facteurs sont présents, la construction osseuse se poursuit durant toute la vie. Un programme pour la prévention ou le traitement de l'ostéoporose utilisant l'alimentation, quelques suppléments nutritionnels, de l'exercice, et des instructions pour l'utilisation de la progestérone est décrit ci-dessous et sera aussi présenté au chapitre 12 intitulé « Comment utiliser la progestérone naturelle ».

Programme type pour le traitement de l'ostéoporose

ALIMENTATION :

Insister sur la consommation de légumes, particulièrement les légumes à feuilles vertes. Éviter tous les sodas et limiter la consommation de viande rouge à trois fois ou moins par semaine. Limiter l'alcool.

VITAMINE D :	350-400 UI par jour.
VITAMINE C :	2 000 mg par jour en doses séparées.
BÊTA-CAROTÈNE :	15 mg par jour (équivalent à 25 000 UI de vitamine A).
ZINC :	15-30 mg par jour.
CALCIUM :	800-1 000 mg par jour par l'alimentation et/ou les suppléments.
MAGNÉSIUM :	300 mg par jour.

ŒSTROGÈNES : Prendre en doses minimales, 3 semaines par mois, si nécessaire pour la sécheresse vaginale. Ne pas en prendre s'il y a une contre-indication. La plupart du temps ce n'est pas nécessaire pour le traitement de l'ostéoporose.

PROGESTÉRONE : Utiliser une crème contenant de la progestérone naturelle (par exemple Pro-Gest) appliquée chaque jour pendant les deux dernières semaines d'application des œstrogènes. Utiliser un tube de 60 g pendant les trois premiers mois. Ensuite, 30 g par mois devraient suffire. Vérifier régulièrement les progrès avec un examen de densité osseuse.

EXERCICE : 12-20 min par jour, ou 1/2 heure 3 fois par semaine.

Pas de cigarettes. Signaler l'apparition de saignements vaginaux.

Chapitre 11

LA PROGESTÉRONE ET LE CANCER

Le cancer du sein et le cancer de l'endomètre sont deux types de cancers qui ont d'une certaine façon un rapport avec les hormones produites par les gonades. Ils apparaissent dans les tissus sensibles à ces hormones. La seule cause connue du cancer de l'endomètre est la présence d'œstrogènes non contrebalancés par la progestérone. D'autres facteurs peuvent être cependant impliqués. Un ou plusieurs des œstrogènes contribuent, pense-t-on, à l'incidence du cancer du sein [1, 5]. Il est souhaitable de revoir le rôle de l'autre hormone produite par les gonades, la progestérone.

En général, le cancer est la croissance anormale dans notre corps de cellules qui peuvent nous tuer si elles ne sont pas traitées. Tout cancer a son origine dans la transformation d'une cellule normale. La cellule augmente son taux de multiplication et perd la capacité à se différencier. Normalement la plupart des cellules se reproduisent continuellement à un taux qui est en concordance avec la croissance et la réparation normales. Chaque cellule (à l'exception de l'ovule et du spermatazoïde) contient un jeu complet de chromosomes, pourtant chaque cellule se développe d'une manière correspondant à sa raison d'être dans le corps. Quand elle devient une cellule cancéreuse, elle se multiplie plus vite qu'elle ne le devrait et perd la capacité normale à se différencier. En ce sens elle devient une cellule plus primitive, se développant à sa propre vitesse et d'une manière plus avare que les cellules normales d'où elle prend son origine.

Les véritables mécanismes à l'origine du cancer sont encore hypothétiques. Il existe deux théories opposées mais qui ne s'excluent pas mutuellement. La première, la théorie génétique, suppose que le cancer est le résultat de dommages causés aux chromosomes d'ADN provoqués par des radiations, des virus ou des toxines. Le corps lutte contre cela par des mécanismes de réparation des chromosomes, mais au fur et à mesure que la vie progresse, les anomalies survenues aux différents génomes s'ajoutent. C'est ainsi que le taux de cancer augmente avec l'âge. Pour qu'une cellule devienne cancéreuse, on pense que cinq génomes ou plus doivent être endommagés. Les facteurs qui interfèrent ou qui empêchent les mécanismes de réparation nous prédisposeront au cancer.

Une autre théorie épigénétique plus récente stipule que certains environnements toxiques à l'intérieur du cytoplasme cellulaire peuvent stimuler une capacité latente de chromosomes non encore détériorés à changer en adoptant un mode de survie plus primitif en réponse à la menace épigénétique. Cette dernière théorie semble indiquer que (1) en maintenant un environnement intracellulaire sain on empêcherait le cancer, et (2) en corrigeant un environnement intracellulaire toxique on pourrait permettre d'élaborer un traitement favorable non toxique pour le cancer.

Les preuves réfutant la théorie génétique et/ou favorisant la théorie épigénétique comprennent les points suivants :
• Exposées aux mêmes risques, seules certaines personnes développent le cancer.
• Exposés aux mêmes substances cancérigènes, les différents individus développent des cancers en des sites tissulaires différents.
• Lorsque des humains et d'autres animaux (par exemple des hamsters) sont exposés à des substances cancérigènes connues, des agents tels que le bêta-carotène, la vitamine C, etc. peuvent empêcher le développement du cancer.

• Les tests sur des cultures de cellules montrent que le cancer induit par des substances cancérigènes connues peut être inversé et éliminé en améliorant la qualité des nutriments de la culture cellulaire.
• Chez les humains ayant un cancer à un stade avancé, la survie est souvent prolongée par de fortes doses de vitamine C.
• De même, les changements d'attitude du patient semblent pouvoir prolonger la survie.
• Chez les humains, des changements d'alimentation peuvent être simplement à l'origine de rémissions spontanées et de guérisons apparentes.

De plus, on pense que certains facteurs agissent comme initiateurs et d'autres comme promoteurs de cancer. Un initiateur pourrait être un facteur qui endommage le génome ou qui est une toxine à l'intérieur du cytoplasme, et un promoteur pourrait être un facteur qui entrave les mécanismes de réparation. On peut aussi dire qu'un initiateur pourrait être un facteur qui finalement provoquera le cancer et qu'un promoteur pourrait être celui qui abrège l'intervalle de temps entre l'exposition à la substance cancérigène et le développement du cancer. Dans l'équilibre final des conditions qui maintiennent le bon fonctionnement des cellules, la différence entre les facteurs initiateurs et les facteurs promoteurs paraît être assez subtile.

Le cancer du sein

Le cancer du sein aussi bien que le cancer de l'endomètre ont tendance à apparaître chez les femmes à une période de leur vie où il y a probablement une dominance en œstrogènes. Dans le cas du cancer du sein, considérons les points suivants :
• Le cancer du sein a plus de chances de se produire chez les femmes avant la ménopause ayant des taux d'œstrogènes normaux ou élevés et des taux faibles de progestérone [6]. Cette situation peut se présenter au début de la vie adulte chez quelques

femmes mais elle est assez courante après l'âge de 35 ans quand surviennent les périodes anovulatoires. Cela se produit aussi après la ménopause lorsqu'on donne aux femmes des suppléments d'œstrogènes sans progestérone.

• Chez les femmes avant la ménopause, une réapparition du cancer du sein ou l'apparition tardive de métastases après mastectomie pour un cancer du sein est plus courante quand l'intervention chirurgicale s'est produite pendant la première moitié du cycle menstruel (quand les œstrogènes sont dominants) que lorsque l'intervention chirurgicale a eu lieu pendant la deuxième moitié du cycle menstruel (quand la progestérone est dominante) [7].

• Le tamoxifen (un composé faiblement œstrogénique, entrant en compétition avec les œstrogènes naturels aux sites récepteurs) est communément prescrit aux femmes ayant subi une chirurgie pour un cancer du sein afin de prévenir la récidive de leur cancer.

• Il est connu qu'une grossesse qui se produit avant l'âge de 25-30 ans a un effet protecteur.

• Une première grossesse menée à terme chez la femme jeune apporte une protection. Les femmes ayant eu leur première grossesse avant l'âge de 18 ans ont à peu près un tiers du risque qu'encourent celles qui ont eu leur premier enfant après 35 ans. Des interruptions de grossesse (déclenchées ou par avortement spontané) n'apportent pas de protection et peuvent, en fait, augmenter le risque de cancer de sein.

• Les femmes sans enfants ont plus de risques que celles qui ont un ou plusieurs enfants.

• Chez les femmes ayant subi une oophorectomie avant l'âge de 40 ans, le risque de cancer du sein est considérablement réduit.

• Les effets protecteurs apportés par l'oophorectomie sont annulés par la prise d'œstrogènes.

• Le traitement hormonal des hommes avec des œstrogènes (pour le cancer de la prostate ou pour la chirurgie transsexuelle) est associé à un risque accru de cancer du sein.

• Récemment, on reconnaît à certains polluants industriels, ayant des effets œstrogéniques puissants et appelés xéno-œstrogènes, d'être une menace envahissante pour l'environnement, et de contribuer très probablement à l'incidence du cancer du sein.

De telles corrélations suggèrent fortement que les œstrogènes, particulièrement s'ils ne sont pas contrebalancés par la progestérone, sont liés d'une manière ou d'une autre au développement du cancer du sein. L'effet protecteur de la progestérone contre le cancer est rapporté clairement par l'étude prospective dans laquelle on a trouvé que les femmes avant la ménopause, avec des taux faibles de progestérone, avaient 5,4 fois plus de risques de développer un cancer du sein avant la ménopause et 10 fois le risque de mourir d'une tumeur maligne quelle qu'en soit la localisation comparé aux femmes ayant des niveaux normaux de progestérone [6].

Il faut rappeler que tous les œstrogènes n'ont pas une action équivalente sur les tissus du sein. Parmi les trois œstrogènes naturels principaux, l'œstradiol est celui qui stimule le plus les tissus du sein. Ensuite vient l'œstrone, et l'œstriol est de loin celui qui a le moindre effet. Pendant la grossesse, l'œstriol est l'œstrogène dominant, il est fabriqué en grandes quantités par le placenta pendant que la production ovarienne d'œstradiol et d'œstrone est au repos. Puisque tous les œstrogènes se disputent les mêmes sites récepteurs, il est probable que des quantités suffisantes d'œstriol empêchent les effets cancérigènes de l'œstradiol et/ou de l'œstrone. Dans un rapport remarquable par Lemon et al dans le *JAMA* du 27 juin 1966 [9], il a été signalé d'une part que des femmes avec un cancer du sein éliminaient 30 à 60 % d'œstriol en moins que les contrôles n'ayant pas de cancer, et d'autre part que le cancer chez les patientes recevant un traitement hormonal entrait en rémission seulement chez celles dont le quotient en œstriol s'élevait. C'est-à-dire des niveaux faibles d'œstriol par rapport à l'œstradiol et l'œstrone correspondent à un risque accru de cancer du sein et des niveaux supérieurs d'œstriol dus à un traitement hormonal correspondent à la rémission du cancer. De plus, des études sur les rongeurs montrent que l'œstrone et l'œstradiol sont cancérigènes pour le cancer du sein chez les mâles ou les femelles castrées alors que l'œstriol ne l'est pas.

Ainsi, il y a de fortes preuves indiquant qu'œstradiol et œstrone non contrebalancés sont cancérigènes pour les seins, et que la progestérone aussi bien que l'œstriol, les deux principales hormones pendant la grossesse, protègent contre le cancer du sein. On se demande pourquoi une supplémentation avec ces deux hormones bénéfiques et sans danger n'est pas utilisée couramment pour les femmes lorsqu'une supplémentation hormonale est indiquée. Il ne devrait pas y avoir de difficulté à mesurer les niveaux sériques de progestérone et les niveaux d'œstriol urinaire pour déterminer qui aurait un plus grand risque de contracter le cancer du sein, et qui profiterait d'une supplémentation. Les deux hormones sont disponibles dans le commerce et relativement peu chères. Pourquoi ces deux hormones ont-elles été négligées par la pratique médicale contemporaine au profit des substituts synthétiques ? Une réponse probable émane de l'existence du complexe médico-industriel qui domine maintenant l'exercice de la médecine et sera présentée au chapitre 13.

Le cancer de l'endomètre

Il est généralement admis que la seule cause connue du cancer de l'endomètre est la présence d'œstrogènes non contrebalancés. Ici encore, l'œstradiol et l'œstrone sont les coupables. Quand les femmes ménopausées reçoivent pendant une période de cinq ans des suppléments d'œstrogènes le risque de cancer de l'endomètre est multiplié par six, et une utilisation plus longue multiplie le risque par quinze. Chez les femmes avant la ménopause, le cancer de l'endomètre est extrêmement rare excepté pendant les cinq à dix années avant la ménopause quand la dominance en œstrogènes est un phénomène courant. La prise de progestérone naturelle pendant ces années-là diminuerait de façon considérable l'incidence du cancer de l'endomètre (aussi bien que le cancer du sein comme nous l'avons vu plus haut).

Le cancer de l'endomètre est un cancer relativement sans danger car il se manifeste tôt par des saignements vaginaux anormaux et les métastases apparaissent assez tardivement. Il est guérit par une hystérectomie pratiquée avant l'apparition des métastases. On conseille aux femmes traitées par hystérectomie pour un cancer de l'endomètre d'éviter à jamais les « hormones ». Ainsi que les patientes ayant eu un cancer du sein, elles sont confrontées à souffrir d'ostéoporose progressive, d'atrophie vaginale, et d'infections fréquentes du système urinaire sans recours au traitement hormonal. C'est pour ces femmes-là que j'ai commencé à utiliser le traitement à base de progestérone naturelle. La progestérone a non seulement inversé leur ostéoporose mais, chez beaucoup d'entre elles, elle a corrigé l'atrophie vaginale et aucune, à ma connaissance, n'a développé de cancer. (Si l'atrophie vaginale reste un problème, l'œstriol par voie vaginale serait le traitement de choix. Voir chapitre 8.) Par ailleurs, parmi celles possédant encore un utérus intact, aucune n'a développé de problème utérin. Les preuves sont écrasantes : la progestérone naturelle est sans danger et seuls l'œstradiol, l'œstrone, les divers progestatifs et œstrogènes synthétiques sont à éviter pour réduire le risque de cancer de l'endomètre.

CONCLUSION

À l'approche de la ménopause, les femmes doivent faire face aux deux fléaux que sont le cancer du sein et le cancer de l'endomètre, ainsi qu'à l'ostéoporose. Ces craintes, dans les circonstances actuelles, sont bien justifiées, alors qu'elles ne devraient pas avoir raison d'être. Quand la cause d'un cancer quel qu'il soit est connue, la prévention devient une réalité. Par exemple, le cancer du poumon peut être presque entièrement prévenu en ne fumant jamais de cigarettes. Pour beaucoup de cancers la cause reste encore inconnue. Cependant, pour les cancers du sein et de l'endomètre on connaît beaucoup de choses au sujet des principaux facteurs hormonaux. Un seul mystère demeure : pourquoi cette information n'a-t-elle pas pénétré le panthéon de la médecine contemporaine ? **Les effets cancérigènes de l'œstradiol et de l'œstrone non contrebalancés, et les effets anticancérigènes de l'œstriol et de la progestérone sont bien reconnus pour ces deux cancers.**

Pour ses multiples bienfaits, pour sa grande sécurité d'emploi, et particulièrement pour sa capacité à contrer les effets cancérigènes des œstrogènes, la progestérone naturelle mérite beaucoup plus d'attention et d'utilisation dans la prévention et pour soigner les problèmes de santé des femmes d'aujourd'hui.

Chapitre 12

COMMENT UTILISER
LA PROGESTÉRONE NATURELLE

Tout d'abord nous devons comprendre de quoi il s'agit lorsque nous parlons de progestérone naturelle. Il y a, bien sûr, de nombreuses plantes qui contiennent des composés « progestérone-like » comme il y a beaucoup de plantes qui contiennent des composés « œstrogène-like ». Tout au long de ce livre, je me suis efforcé d'être cohérent en appelant ces composés « œstrogène-like » naturels des substances œstrogéniques. Il n'y a aucune hormone spécifique nommée œstrogène ; on donne le nom d'œstrogènes à une classe d'hormones et le corps fabrique au moins vingt hormones rentrant dans cette classification ; les principales sont l'œstrone, l'œstradiol et l'œstriol. Dans le cas de la progestérone, il n'y a qu'une hormone progestative fabriquée par le corps humain et elle s'appelle progestérone. À la page 24 vous pouvez voir sa configuration moléculaire. Voilà ce que l'on entend par progestérone.

De quelle source vient la progestérone naturelle utilisée dans les divers traitements ? Au début de la recherche sur la progestérone, celle-ci provenait du corps jaune de truies. C'était très cher et de faible rendement. Une meilleure source pour la progestérone naturelle est le placenta humain. Le placenta est une véritable usine à progestérone ; pendant le dernier trimestre de la grossesse il en fabrique entre 300-400 mg par jour. Lors de l'accouchement le placenta peut être congelé puis envoyé à un laboratoire pharmaceutique pour en extraire de la progestérone. L'utilisation de stérols « progestérone-like » provenant de plantes, appelés saponines, est une solution encore plus économique. Après hydrolyse, les saponines sont transformées en sapogénines dont deux variétés (sarsasapogénine et diosgénine) sont la principale source pour la fabrication de progestérone naturelle à but médical. Grâce aux merveilles de la chimie moderne, il est possible de synthétiser la progestérone à partir d'air, de charbon, et d'eau mais la méthode la plus efficace et la plus rentable est de partir des sapogénines des plantes. De ces sapogénines on peut produire, d'une façon peu coûteuse et en grandes quantités, une progestérone *pure grade USP* (norme américaine). Ironiquement, la plus grande partie de la production de progestérone est rachetée par d'autres sociétés pharmaceutiques pour synthétiser des composés « progestérone-like » non naturels, appelés progestatifs, pour leurs médicaments brevetés (voir chapitre 3). Certains progestatifs sont synthétisés à partir de l'hormone mâle, la testostérone, provenant de l'urine de cheval ; l'œstrone qui entre dans la préparation de Premarin provient aussi de l'urine des juments pleines.

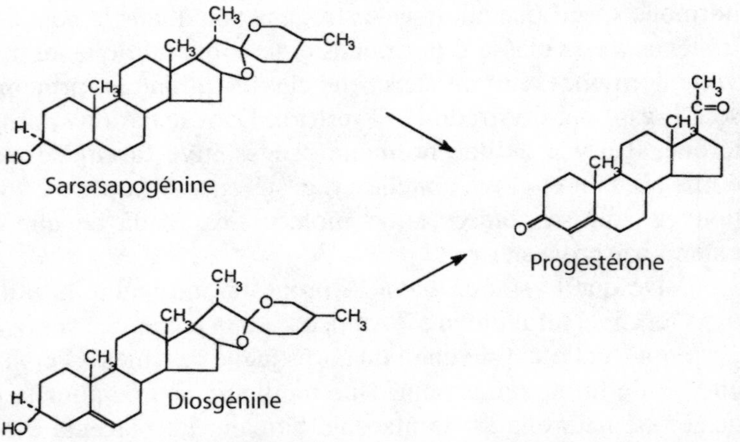

Schéma 15. Dérivation de la progestérone à partir de la sarsasapogénine ou de la diosgénine.

Le schéma 15 montre la transformation moléculaire des sapogénines.

Il y a deux points importants à souligner par rapport à cette production de progestérone à partir de saponines de plantes. Premièrement, quand on mange des plantes fraîches riches en saponines telles que les ignames (encore appelée yams), le corps peut en tirer des effets « progestérone-like ». Dans le *National Geographic* de juillet 1992, il y a un rapport sur la vie dans les îles Trobriand (des îles minuscules au sud-est de la Nouvelle-Guinée). Les habitants y sont généralement minces et heureux, bénéficiant d'une excellente santé (avec l'exception de la tuber-culose, la lèpre et le paludisme). Ils ont une vie sexuelle très vigoureuse et (contrairement à ce que penseraient les auteurs) ils ont moins d'enfants qu'on pourrait le croire ; leur alimentation est composée principalement d'ignames, de légumes et de pois-sons. En fait, l'igname est le totem des habitants des îles Trobriands et il signifie santé et longue vie. Les résidents des îles Trobriand, ainsi que les quelques touristes qui s'y rendent, consi-dèrent leur vie comme idyllique. Dans le *National Geographic* de novembre 1992 plusieurs lettres adressées au rédacteur expli-quaient que les ignames contiennent un stérol, la diosgénine, ayant des effets « progestérone-like » ce qui explique la vie idyl-lique et le peu de naissances chez les habitants des îles Trobriand. Après tout, la progestérone est la base des contracep-tifs oraux. L'auteur d'une des lettres signale que « Organon, un grand fabricant de pilules contraceptives, utilise la diosgénine provenant des racines de l'igname du Mexique comme matière première pour ses produits ». Mais pourtant, peu de médecins américains savent que leurs progestatifs viennent des ignames.

Deuxièmement, les produits qui citent l'extrait d'igname dans leurs composants peuvent ou non contenir la partie de la racine d'igname riche en saponine et ils peuvent ou non contenir la progestérone de qualité USP dérivée de l'igname (ou d'autres sources végétales) qui est largement disponible sur le marché. Pour les lecteurs peu familiers avec les USA la raison de cette confusion est difficile à comprendre. La raison ne provient pas d'une volonté délibérée de décevoir venant des fabricants du produit mais émane de nos lois, mal écrites, contrôlant les médicaments en les distinguant des herbes médicinales, de l'alimentation, des boissons, des confiseries et des condiments. Pour vendre des « médicaments », il faut une licence et un diplôme quelconque, tandis que n'importe qui peut vendre de l'alimentation et des herbes médicinales. Comme si cette confusion ne suffisait pas, notre FDA (Food and Drug Administration) fait régulièrement des excès de zèle auprès des fournisseurs de thés, de vitamines, etc. avec des poursuites judiciaires coûteuses et peu de compréhension pour la réalité des choses. Ainsi s'explique la confusion autour de l'étiquetage.

J'entre dans le détail de tout cela, à propos du produit à base de progestérone que j'utilise pour traiter différents états de santé. Je connais peu les autres produits à base de progestérone qui sont sur le marché. En 1978, j'ai commencé à m'intéresser à cela quand j'ai entendu le professeur Ray Peat, Ph.D. de Blake College, Eugene, Oregon, parler des différentes qualités de la progestérone. C'est par lui que j'ai appris qu'il existait une certaine crème pour la peau appelée « Cielo » et vendue comme crème hydratante (elle l'est vraiment) contenant, parmi d'autres ingrédients, de la progestérone naturelle. Plus tard, quand je me suis trouvé confronté à des patientes ostéoporotiques ne pouvant pas prendre d'œstrogènes à cause d'antécédents de cancer de l'utérus ou du sein, de diabète, ou de troubles vasculaires, etc., j'ai décidé de conseiller l'utilisation de cette crème, en espérant qu'elle agirait sur leurs os. À ma grande surprise, c'est ce qui est arrivé. Les tests de densité minérale osseuse ont montré une amélioration progressive ! Ne sachant quelle dose donner, j'ai fait des tests de densité osseuse en série pour ajuster le dosage afin de permettre une amélioration. Je n'étais pas intéressé par la dose de progestérone dans la crème, ce qui m'importait c'était qu'il n'y avait aucun danger, et que la bonne dose est la dose qui marche

Depuis cette époque, des entreprises ont développé d'autres produits contenant de la progestérone ou des extraits d'igname, ou d'autres extraits prétendant contenir de la progestérone. En lisant tout ce qui est écrit sur le sujet, je sais que le docteur Joel T. Hargrove de Vanderbilt University Medical Center utilise la progestérone sous forme de capsules, et que le docteur Katherine Dalton de Londres utilise de la progestérone sous forme de suppositoires. Pour ma part j'utilise une crème transcutanée contenant de la progestérone car j'ai trouvé que ça marchait, que c'était bon marché, et que les patientes l'acceptaient. La voie transcutanée me plaisait car elle évitait le passage initial par le foie avec perte de produit. La crème « Cielo » est maintenant vendue sous l'appellation « Pro-Gest », et le tube de 2 oz (60 g) contient à peu près 960 mg de progestérone. Je donne cette information à quiconque la trouve utile. Vu les excellents résultats obtenus avec mes patientes, je suis resté fidèle à ce système de distribution dans l'organisme et c'est pourquoi je connais peu les autres produits qui sont sur le marché.

Recommandations pour le traitement à base de progestérone

Absorption transcutanée

Toutes les hormones fabriquées par les gonades sont des petites molécules liposolubles qui sont donc bien absorbées à travers la peau, mieux encore que par voie orale. Par exemple, l'œstradiol, en patch transcutané contenant 0,05 mg, appliqué deux fois par semaine, est équivalent à des doses orales de 1 mg par jour. C'est-à-dire que 0,1 mg par voie transcutanée = 7 mg par voie orale, soit une efficacité 70 fois supérieure. La différence est due à la perte pendant le passage initial par le foie avec les doses orales. Il y a la même différence d'efficacité avec la testostérone et la progestérone.

Répartition dans le corps

Pour bénéficier d'un maximum d'absorption de la crème contenant la progestérone, je propose d'utiliser la plus grande surface possible de peau relativement fine et d'alterner tous les jours les endroits d'application de la crème. Les surfaces recommandées sont la face intérieure des bras et des cuisses, le visage et le cou, la partie supérieure de la poitrine et l'abdomen. Par voie transcutanée, la progestérone est d'abord absorbée par la couche de graisse sous-cutanée, puis elle est diffusée passivement à travers tout le corps par la circulation sanguine. Au début, chez les patientes déficientes en progestérone, une grande partie de celleci est absorbée par la graisse corporelle. Avec une application continue, les niveaux de progestérone des couches de graisse atteignent un équilibre tel que les doses successives de progestérone finissent par augmenter les niveaux sanguins et les effets physiologiques s'en ressentent. Ainsi, il est sage d'expliquer aux femmes qu'il faut parfois deux ou trois mois d'utilisation de la progestérone avant d'expérimenter un maximum de bienfaits.

Quand la progestérone est fabriquée par le corps jaune, elle est entourée d'une membrane protéinique, la *cortisol binding globulin* (CBG), afin d'être soluble dans le plasma ; seulement 2 à 10 % de progestérone se trouve à l'état libre (non lié). De façon analogue, les œstrogènes sont entourés de la *sex hormone binding globulin* (SHBG) pour le transport dans le plasma ; le cholestérol circule entouré de diverses sortes de lipoprotéines. À présent nous ignorons toujours si la progestérone, absorbée par voie transcutanée ou par voie orale, reçoit une enveloppe porteuse (CBG) ou si elle se lie temporairement à des éléments liposolubles des membranes cellulaires (tels que ceux des globules rouges) pour le transport dans la circulation sanguine. Par conséquent, les niveaux plasmatiques de progestérone peuvent ne pas mesurer avec précision la totalité de la progestérone disponible. La justesse du dosage est finalement déterminée par les effets produits (voir plus loin).

Chez les femmes ménopausées, prenant en même temps des suppléments d'œstrogènes, l'effet initial de la progestérone est de sensibiliser les récepteurs d'œstrogènes, entraînant des effets œstrogéniques intensifiés tels le gonflement et la sensibilité des seins, la rétention d'eau, ou même l'apparition de petits saignements vaginaux. Je conseille généralement à ces femmes de réduire de moitié leur dose d'œstrogènes en commençant la progestérone. Plus tard, après trois à quatre mois d'utilisation de la progestérone, la plupart des femmes peuvent réduire davantage leur dose d'œstrogènes ou éventuellement l'arrêter, en se laissant guider pour l'utilisation des œstrogènes par une suffisance des sécrétions vaginales.

Autour de la ménopause, quand les cycles se modifient, l'utilisation de progestérone naturelle peut temporairement ramener des règles normales. Cette sensibilité temporaire accrue des récepteurs d'œstrogènes peut amener la femme (et son médecin) à conclure que c'est la progestérone qui a produit les règles, alors qu'en fait ce sont les niveaux normaux d'œstrogènes qui ont produit une prolifération de l'endomètre. L'arrêt chaque mois de la progestérone (voir ci-dessous) a permis l'élimination de l'endomètre prolifératif qui a pu se développer. C'est l'état normal des choses et il n'y a pas à s'alarmer.

Comment doser au cours du cycle

Une exposition continue à des signaux hormonaux (ou d'autres signaux sensibilisant des récepteurs tels que le son ou la lumière) peut entraîner une sensibilité réduite des récepteurs. L'agent stimulateur de nos récepteurs diminue leur sensibilité en présence d'une exposition prolongée. Ce phénomène est évident dans le cas du son ou de la lumière. Une période suffisante de calme permet une sensibilité renouvelée au son comme une période d'obscurité permet une sensibilité intensifiée à une lumière faible ; c'est ce que l'on appelle « l'adaptation au noir ». La même chose se produit pour la nitroglycérine (Trinitrine par exemple) sous-cutanée. Si on utilise sans interruption les patchs ou de la pommade à la nitroglycérine, l'effet sur la relaxation des artères coronaires diminuera ; des périodes occasionnelles de non-utilisation en renouvelleront l'efficacité. Cela est aussi vrai pour les hormones. Rappellez-vous que lorsque les règles sont régulières, chaque mois, pendant une semaine ou plus, les niveaux d'hormones sont plus faibles.

Pour cette raison, **je conseille l'utilisation de la progestérone chaque mois et de façon cyclique.** Chez les femmes ménopausées, la progestérone peut être utilisée pendant deux ou trois semaines par mois et puis arrêtée jusqu'au mois suivant. Il devrait y avoir une période d'au moins cinq à sept jours sans hormones. Chez les patientes en période de ménopause, je conseille de synchroniser l'utilisation de la progestérone avec la production normale de progestérone par le corps jaune, en l'utilisant par exemple du douzième au vingt-sixième jour du cycle mensuel. Parfois, si les règles sont irrégulières, cela sera difficile à suivre avec précision. Après l'utilisation de la progestérone pendant une semaine ou plus et s'il y a des petits saignements, je conseille généralement d'arrêter la progestérone pendant douze jours puis de recommencer.

Dosage de la progestérone

Bien que l'on sache que la production normale de progestérone par le corps jaune peut atteindre 20-25 mg par jour, il est néanmoins vrai qu'une grande variabilité individuelle est la règle. Il est aussi vrai qu'il existe une variabilité dans l'absorption transcutanée. En plus, puisque les œstrogènes et la progestérone ont de nombreux effets opposés, des niveaux dominants d'œstrogènes auront une influence sur les résultats produits par une dose donnée de progestérone. Troisièmement, la dose de progestérone doit être liée à l'effet qu'on souhaite obtenir. Dans le cas du SPM (syndrome prémenstruel) la dose doit être plus forte afin de compenser les effets dominants des œstrogènes non contrebalancés par la progestérone.

La dose est déterminée essentiellement par tâtonnements. Cela est vrai aussi pour la période périménopausique. Après la ménopause quand les niveaux d'œstrogènes sont faibles et lorsque l'effet désiré est celui d'une nouvelle formation osseuse, les doses efficaces de progestérone peuvent être nettement plus faibles que celles qui sont nécessaires pour le SPM. Pour le traitement de l'ostéoporose postménopausique, des examens en série DMO (densité minérale osseuse) peuvent être utilisés pour déterminer la dose de progestérone. Ainsi, l'appréciation clinique, aussi bien de la patiente que de son médecin, est souhaitée pour permettre la meilleure utilisation possible de la progestérone naturelle. Comme la progestérone naturelle est d'une grande sécurité d'emploi, on peut se permettre une grande liberté d'action.

Si une femme prend aussi un progestatif

On doit tenir compte de plusieurs facteurs lorsqu'une femme prenant des progestatifs souhaite changer de solution et prendre de la progestérone naturelle. D'abord les deux se disputent les mêmes sites récepteurs. Les bienfaits de la progestérone naturelle seront diminués par la présence du progestatif. Deuxièmement, les niveaux plasmatiques de progestérone n'atteindront pas les niveaux maximum avant le deuxième ou troisième mois d'utilisation, comme nous l'avons décrit ci-dessus. Par conséquent, je conseille généralement de diminuer progressivement la dose de progestatif, en réduisant, par exemple, la dose de moitié dès l'utilisation de la progestérone naturelle. Pendant le deuxième mois de prise de progestérone, la dose de progestatif peut être réduite davantage (par exemple prendre la demi-dose tous les deux jours). Au troisième mois, il est possible d'arrêter le progestatif sans risque.

Quand une femme prend des hormones thyroïdiennes

L'utilisation de l'hormone de la thyroïde par nos cellules est entravée par les œstrogènes et favorisée par la progestérone. Ainsi, une femme avec une dominance en œstrogènes, d'origine endogène ou à cause d'une supplémentation, peut avoir des symptômes d'hypothyroïdie. Malgré des niveaux normaux de T-3 et T-4 sériques, le niveau d'hormone stimulante de la thyroïde (TSH) peut en effet être élevé, indiquant une nécessité de prendre des suppléments pour la thyroïde. Quand une telle patiente, en traitement pour la thyroïde, reçoit des suppléments de progestérone naturelle, l'utilisation cellulaire de l'hormone de la thyroïde devient plus efficace de nouveau. S'il n'y a pas de contrôles réguliers de la TSH, il est probable que l'utilisation continue de médicaments pour la thyroïde se soldera chez la patiente par une hyperthyroïdie. Les leçons à apprendre ici sont que les niveaux de T-3 et T-4 ne sont pas aussi fiables que le niveau TSH pour déterminer les besoins en suppléments hormonaux pour la thyroïde, et que la progestérone naturelle augmente l'efficacité des cellules à utiliser l'hormone de la thyroïde. C'est un facteur qui doit être pris en compte quand on rajoute de la progestérone à des patientes recevant un traitement pour la thyroïde.

Prévention et/ou traitement de l'ostéoporose

Les patientes ménopausées

La progestérone est un maillon indispensable dans la chaîne des multiples facteurs qui ensemble sont nécessaires pour une bonne formation osseuse. Cette chaîne se compose des éléments suivants : une alimentation adéquate, quelques nutriments supplémentaires, de l'exercice, l'abstention de cigarettes et l'apport d'hormones. Si l'un de ces facteurs venait à manquer, il empêcherait la chaîne de faire son travail. Un programme typique de traitement serait le suivant :

ALIMENTATION : Insister sur les légumes frais, particulièrement des légumes à grandes feuilles vertes. Diminuer ou éviter les sodas, et limiter la viande rouge à trois fois par semaine ou moins. Choisir des céréales complètes plutôt que des farines raffinées. Limiter la consommation d'alcool. Les produits laitiers ne sont pas nécessaires mais les fromages sont tolérés.

VITAMINE D : 350-400 UI par jour.

VITAMINE C : 2 g par jour en doses fractionnées.

BÊTA-CAROTÈNE : 15 mg/jour (équivalent à 25 000 UI de vitamine A).

ZINC : 15-30 mg/jour.

CALCIUM : chercher à obtenir 800-1 000 mg/jour par l'alimentation et les suppléments.

MAGNÉSIUM : 300-800 mg/jour en suppléments.

ŒSTROGÈNES : contre-indiqués pour les femmes avec des problèmes de cancer du sein ou de l'utérus, de formation de caillots sanguins ou de désordres vasculaires, d'obésité, de diabète, de seins fibrokystiques et d'hyperlipidémie. S'ils sont utilisés, je recommande une faible dose d'œstrogènes conjugués (exemple : Premarin 0,3 mg par jour, 3 semaines par mois) plutôt que de l'œstradiol. Si l'œstriol est disponible, il est préférable car c'est l'un des œstrogènes les plus sûrs. S'il n'y a pas de problèmes de sécheresse vaginale ou de bouffées de chaleur, ce n'est pas nécessaire, mais cela dépend des résultats des tests en série de mesure de densité osseuse.

PROGESTÉRONE :   Je recommande généralement des applications transcutanées (crème Pro-Gest) suffisantes, en utilisant un pot de 60 g par mois, avec une application tous les jours pendant 2 ou 3 semaines par mois. S'il y a utilisation d'œstrogènes, les deux doivent être arrêtés pendant la même semaine chaque mois. S'il n'y a pas d'utilisation d'œstrogènes, la patiente peut appliquer la crème à base de progestérone pendant une période de trois semaines chaque mois. Quand les examens répétés de densité osseuse révèlent une densité croissante, la dose de progestérone peut être réduite à 30 g par mois. Quelques patientes peuvent se contenter de moins encore.

EXERCICE :   Je recommande de faire des exercices vigoureux chaque jour pendant 20 minutes ou trois fois par semaines pendant 1/2 heure.
Pas de cigarettes. Signaler l'apparition de saignements vaginaux.

Le dosage de la crème transcutanée à base de progestérone
En conseillant aux patientes les doses de progestérone à prendre, je préfère qu'elles pensent en terme de dosage mensuel plutôt qu'en dosage journalier. L'expérience prouve que si nous demandons aux patientes de prendre 1/4 ou 1/2 cuillerée à café de crème par jour, les quantités utilisées chaque mois sont variables. Par exemple, une patiente peut rapporter qu'elle utilise 60 g ou plus de crème chaque mois en utilisant 1/2 cuillerée par jour, tandis qu'une autre rapportera que son tube de 60 g dure 2 ou 3 mois tout en utilisant soi-disant la même dose journalière. Mais, quand il est conseillé à la patiente d'utiliser le tube de 60 g en un mois, elle apprend très vite quel montant prendre par jour, ou deux fois par jour, pour arriver à cette dose mensuelle dans la période requise, que ce soit sur deux ou trois semaines.

Plus tard, si la dose mensuelle de la patiente est réduite à 30 g de crème, je lui conseille de diviser le tube en deux, d'utiliser une moitié le premier mois et l'autre moitié le mois suivant. Je n'ai jamais rencontré de patiente ne sachant pas s'y prendre avec cette façon de doser la crème à base de progestérone.

Les patientes en période de périménopause

Comme c'est souvent le cas, une femme en période de préménopause peut voir, avec les tests de mesure de densité minérale osseuse, qu'elle perd déjà de la masse osseuse. Dans de tels cas, je recommande le même programme général que ci-dessus mais en utilisant la crème transcutanée à base de progestérone naturelle de manière à se rapprocher du fonctionnement normal du corps jaune, c'est-à-dire en appliquant la crème du douzième au vingt-sixième jour du cycle menstruel.

À nouveau je demanderai à la patiente d'utiliser un tube de crème Pro-Gest de 60 g pendant cette période de deux semaines. Plus tard, lorsque les tests DMO indiquent qu'il y a une nouvelle formation osseuse, je tenterai de diminuer la crème pour ne plus utiliser que 30 g par mois et je contrôlerai les résultats avec des tests de mesure de densité minérale osseuse à des intervalles de six mois ou un an. Dans ces cas, il n'y aura pas de prise d'œstrogènes.

De l'utilisation des tests DMO
(mesure de la densité minérale osseuse)

Puisque l'os trabéculaire se renouvelle plus rapidement, j'ai trouvé que les vertèbres lombaires permettaient de très bien suivre les traitements de l'ostéoporose. Les changements peuvent s'y observer plus tôt que dans l'os cortical qui est plus dense. De plus, étant relativement larges et uniformes, les résultats d'examens sont généralement plus précis. Je reconnais que le risque de fracture de la hanche est cliniquement plus important mais il est essentiel de pouvoir déterminer que le traitement est efficace pour entraîner la réversion de l'ostéoporose. Lorsque les mesures sont faites, le suivi du traitement est bien meilleur. On doit se rappeler que, comme l'hypertension, l'ostéoporose est un désordre silencieux (jusqu'à l'arrivée de la catastrophe) et que la patiente doit pouvoir contrôler le progrès du traitement de la même manière que les prises de tension artérielle sont nécessaires pour contrôler le traitement de l'hypertension.

En plus, je conseille une ostéodensitométrie soit par DPA (*dual photon absorptiometry*) (absorption biphotonique) ou par DEXA (*dual energy X-ray absorptiometry*) plutôt que le test QCT (*quantified CT*) car (1) il y a une précision et une sensibilité equivalente, (2) le DPA et le DEXA utilisent beaucoup moins d'irradiation que le QCT, et (3) les deux sont moins chers que le QCT. Quand on pratique des examens en série, on doit se rappeler que les différentes techniques donnent des résultats légèrement différents et, par conséquent, il n'est pas aussi bon de comparer des résultats d'examens utilisant des techniques différentes que de comparer des résultats provenant de la même technique. De plus, il est recommandé d'utiliser le même équipement et le même centre de dépistage.

Seins fibrokystiques

Les seins fibrokystiques sont causés par la dominance en œstrogènes. L'expérience de mes patientes a montré qu'avec la progestérone naturelle, le rétablissement de l'équilibre hormonal survient généralement rapidement et règle le problème. La patiente classique présente une série d'épisodes répétés de seins kystiques douloureux, généralement aggravés pendant la semaine avant les règles et disparaissant après celles-ci. Elle sait déjà qu'elle doit éviter la caféine (méthyl xanthine) présente dans le café, le thé, les colas et le chocolat ; elle a essayé la vitamine E sans grand soulagement. Souvent la patiente signale avoir eu de nombreux drainages et/ou des biopsies ; elle a peur d'avoir un cancer du sein. Avec l'utilisation de la progestérone naturelle (par exemple un tube de 60 g de crème Pro-Gest) pendant les deux semaines avant les règles, les seins fibrokystiques reviennent à la normale dans les deux à trois mois. Plus tard il est possible que la patiente trouve que l'application de seulement 30 g de crème, pendant ce même temps chaque mois, prévient la réapparition du problème.

Je me rappelle avoir été sollicité (au début des années 80 quand je commençais à découvrir les multiples bienfaits de la progestérone naturelle) pour participer à une table ronde de médecins sur « la maladie » des seins fibrokystiques (comme on l'appelait en ce temps-là) lors d'un symposium national sur la santé à San Francisco. Je fus honoré par cette invitation et de prime abord ne prêtai pas attention au fait que la réunion était sponsorisée par un consortium de sociétés pharmaceutiques. Au cours du débat, le président me demanda de décrire la patiente classique souffrant de seins fibrokystiques. Ensuite, il me demanda ce que je ferais si tous les traitements typiques (régime, suppression des méthyl xanthines, vitamine E, etc.) échouaient. Naturellement, je commençai à décrire aux membres de la table ronde et à l'auditoire le succès que l'on pouvait avoir avec l'utilisation de la progestérone naturelle. Là-dessus, le président devint agité, rougit et commença à transpirer abondamment. Il se trouvait qu'il voulait présenter le Danazol, un stéroïde synthétique à effet anti-œstrogène androgénique, nouveau à l'époque. Toutes les questions des autres participants de la table ronde et de l'auditoire concernaient la progestérone naturelle et comment l'obtenir. Le débat était planifié pour montrer l'échec du traitement conventionnel des seins fibrokystiques et pour faire la publicité pour le nouveau médicament. Le président était manifestement déçu par l'information sur la progestérone naturelle et par ma présentation. Je ne fus jamais réinvité à une table ronde.

À une autre occasion, j'ai indiqué à une dame âgée comment utiliser la progestérone naturelle pour l'ostéoporose. Au cours de notre conversation, elle me questionna au sujet des seins fibrokystiques. J'ai ensuite exprimé ma surprise qu'elle soit inquiétée par ce problème car elle n'avait pas utilisé d'œstrogènes. Là-dessus elle me dit qu'elle avait l'intention de passer l'information à sa fille en Arizona qui était programmée pour une mastectomie bilatérale due à un sévère problème de seins fibrokystiques. Six semaines plus tard, après deux cycles de progestérone naturelle, sa fille me téléphona de l'Arizona pour me raconter, à la surprise du chirugien, que son problème de seins avait complètement disparu et que l'opération était annulée.

Une septuagénaire pétulante me consulta pour une ostéoporose bien avancée. Elle avait eu plusieurs fractures de vertèbres dues à la compression. Jusque-là elle avait évité la thérapie hormonale en raison d'une longue histoire de seins fibrokystiques avant la ménopause. Avec des applications de progestérone naturelle, ses tests de DMO (densité minérale osseuse) s'élèvent agréablement, les douleurs dorsales disparèrent, et elle repri ses activités habituelles telles que la marche à pied, le bateau, le jardinage, etc. Quelques années plus tard, après avoir cessé mon activité médicale, elle est retournée voir un nouveau médecin qui l'a persuadée d'abandonner la progestérone et de reprendre des œstrogènes. Après avoir fait cela à contrecœur, elle développa des seins fibrokystiques et son nouveau médecin lui recommanda alors une mastectomie bilatérale afin d'éviter un éventuel cancer du sein. Contrariée par la suite des événements, elle me téléphona pour me demander comment elle devait réagir au conseil du médecin. Je lui ai dit (1) de cesser immédiatement de prendre les œstrogènes et de reprendre la progestérone qui lui avait si bien réussi pour ses os et qui lui avait évité d'avoir des seins fibrokystiques, (2) de faire une mammographie pour soulager ses angoisses au sujet du cancer du sein, et (3) de dire au médecin qu'il devrait avoir une orchidectomie bilatérale (ablation des deux testicules) pour éviter un éventuel cancer de la prostate. En entendant cela elle rit de bon cœur et me promit de suivre totalement mon conseil. En prenant à nouveau de la progestérone naturelle, elle reste en bonne santé et est active jusqu'à ce jour. Je ne sais pas si son médecin a appris quelque chose de cette expérience.

Syndrome prémenstruel (SPM)

Comme cela est décrit au chapitre 8, le SPM est un syndrome complexe et multifactoriel. Les patientes sont très reconnaissantes quand on peut apporter un soulagement sérieux aux symptômes. La progestérone naturelle, si elle est donnée à des doses suffisantes, résoudra le problème de façon remarquable dans la majorité des cas. Le fait qu'elle n'apporte pas une solution dans tous les cas veut simplement dire que le syndrome peut aussi provenir d'autres facteurs.

Ma recommandation pour le SPM, particulièrement pour celles qui ont toutes les caractéristiques d'une dominance en œstrogènes (par exemple : gonflement de seins et rétention d'eau prémenstruelle), consiste à utiliser un tube de 60 g de Pro-Gest sur une période de dix jours, en terminant le tube juste avant la date présumée des règles. Avec l'expérience, de nombreuses patientes découvrent que la dose de progestérone peut être appliquée de manière à produire un effet crescendo dans les quatre ou cinq jours juste avant les règles. Certaines patientes trouvent qu'un supplément de crème peut être appliqué plusieurs fois par jour en fonction des symptômes. Comme avec les autres affections dont nous avons parlé, la bonne dose de progestérone est la dose qui marche.

Si on désire apporter la preuve d'une déficience en progestérone on peut analyser le niveau plasmatique de progestérone quatre ou cinq jours après la date présumée de l'ovulation. Un niveau bas de progestérone à ce moment-là confirme le manque de production de progestérone par le corps jaune et le besoin probable d'apporter de la progestérone en supplément.

La contribution majeure de la progestérone naturelle n'exclut pas de prêter attention à d'autres facteurs tels que l'alimentation, les suppléments de calcium et/ou de magnésium, la vitamine B6, la vitamine E, les techniques de relaxation et l'exercice physique. L'aspect alimentaire consiste à s'abstenir de sucre, d'hydrates de carbone raffinés, de graisses raffinées, à consommer beaucoup de légumes frais de toutes sortes, et à s'assurer une bonne absorption d'acides gras essentiels provenant de l'huile d'onagre, de l'huile de lin, ou de l'huile de pépins de cassis. Il y a plusieurs plantes qui se sont avérées efficaces : le gatillier, l'oseille sauvage, la racine de bardane, la racine de l'igname sauvage, la réglisse, le fo-ti, le lapacho, le dong quai, l'astragale, le gingembre, la folle avoine, la consoude, l'ortie, la feuille du framboisier, le cimicifuga, la cardiaire, la prêle, et le trèfle rouge. Comme je ne prétends pas être expert dans le domaine des plantes, je vous recommanderai de consulter un phytothérapeute pour ce qui est de leur utilisation.

Les kystes ovariens

Les kystes ovariens font référence aux kystes folliculaires ou aux kystes du corps jaune. Ils résultent de l'absence de développement folliculaire et d'ovulation normale, en laissant le corps jaune dans une condition telle que la montée mensuelle de FSH, de LH et d'œstrogènes aboutit chaque mois à la formation d'un kyste bénin. Les kystes folliculaires entraînent la persistance de la phase proliférative de l'endomètre (due à l'absence de production de progestérone), et les kystes du corps jaune entraînent une prolongation de la phase sécrétoire (due à la production persistante de progestérone). La progestérone naturelle prise du cinquième jour au vingt-sixième jour du cycle mensuel pendant deux ou trois cycles produira presque invariablement la disparition du kyste par la suppresion de la production normale de FSH, de LH et d'œstrogènes, donnant ainsi à l'ovaire le temps de guérir. Ici encore la progestérone, sous forme de crème transcutanée en tube de 60 g de Pro-Gest, appliquée chaque mois, sera généralement suffisante. On peut contrôler les progrès par des examens du bassin ou par des sonogrammes. Les kystes ovariens sont plus fréquents après trente ans lorsque le nombre des follicules est déjà bien réduit.

Fibromes utérins

Les fibromes utérins sont encore un exemple de la dominance en œstrogènes secondaire aux cycles anovulatoires et à la déficience en progestérone qui en résulte. Ils se produisent habituellement dans les huit à dix ans avant la ménopause. Si une quantité suffisante de progestérone est apportée en supplément entre le douxième et le vingt-sixième jour du cycle menstruel, le développement des fibromes est généralement évité (et très souvent les fibromes régressent). Après la ménopause, les niveaux d'œstrogènes baissent et peu à peu les fibromes s'atrophient. Le dosage de la progestérone peut être déterminé par les résultats observés lors d'échographies faites tous les trois ou quatre mois.

Érosions cervicales et/ou dysplasie

Ce sont les réactions spécifiques de certains tissus face à une déficience en acide folique et probablement à un déséquilibre hormonal. Quand l'acide folique (une vitamine B) est prescrit à des doses de 3-5 mg par jour avec de la vitamine B6 (50 mg par jour) et du magnésium (300 mg par jour), le rétablissement de la situation a lieu généralement en un ou deux cycles. On peut suivre le progrès par une série de frottis de dépistage. Si le rétablissement est ralenti, on peut appliquer de la crème à base de progestérone ou à base d'œstriol dans le vagin tous les jours du mois entre les règles, cela devrait rétablir un épithélium cervical normal. On ne connaît pas le dosage spécifique avec précision, mais 1/4 de cuillerée à café de crème Pro-Gest introduite tous les jours dans le vagin s'est avéré bénéfique.

RÉSUMÉ

La progestérone naturelle est remarquablement efficace, sans danger, et c'est une thérapie relativement peu chère pour une gamme étendue de problèmes féminins résultant de la dominance en œstrogènes. Il vous a été présenté ici un mode simple d'utilisation de la crème transcutanée à base de progestérone.

Chapitre 13

LA PROGESTÉRONE ET LE COMPLEXE MÉDICO-INDUSTRIEL

Si la progestérone est si merveilleuse, pourquoi mon docteur ne l'utilise-t-il pas ? C'est la question qu'on me pose le plus souvent. À cela je réponds qu'elle n'a pas la préférence du complexe médico-industriel. Les raisons de ma réponse ne proviennent pas d'une étude systématique du problème mais de mon expérience personnelle de plus de trente ans de pratique clinique active et de mon observation des différentes manières, certaines subtiles et d'autres moins subtiles, dont la pratique médicale est influencée.

Par complexe médico-industriel on entend l'association très rapprochée de l'organisation médicale avec d'une part les fabricants pharmaceutiques et d'autre part les agences médicales gouvernementales réglementaires. Les liens entre ces groupes sont, bien sûr, tout un réseau d'argent, de pouvoir et de prestige. Le système pris globalement n'est nécessairement ni corrompu ni mauvais mais, comme n'importe quelle organisation humaine, elle est sujette à des faiblesses et à des erreurs dues à la condition humaine. La vente de médicaments est un très gros *business*. La recherche médicale est tributaire de milliards de dollars de subventions du NIH (National Institutes of Health) et de l'industrie pharmaceutique privée. Les deux sont intimement liés ; on est nommé directeur de l'un de ces organismes aux vues de ses réussites dans un autre et de plus il y a beaucoup d'exemples de personnel interchangeable.

Tout laboratoire pharmaceutique, comme toute société privée, doit faire du profit pour survivre. Le profit vient de la vente de médicaments brevetés. Le système n'est pas intéressé par les médecines naturelles (non brevetables), malgré les bienfaits potentiels pour la santé. Ainsi, le financement de la recherche ne s'étend pas aux produits qui ne peuvent pas être brevetés. Par conséquent les chercheurs ont tendance à avoir de l'expérience seulement avec des médicaments brevetés et pas du tout, ou très peu, avec des produits naturels ou des procédés non brevetables. Quand un « expert » académique des NIH ou de l'industrie parle d'un produit naturel, ou par exemple de l'acupuncture, vous pouvez être sûr qu'il a très peu ou aucune expérience quant à son utilisation ; si son discours est fait à partir de la littérature, vous pouvez être sûr que la documentation vient de l'« establishment médico-industriel ». L'ouverture d'esprit des NIH envers les thérapies alternatives reçoit juste assez de subventions pour seulement survoler quelques aspects d'un domaine bien plus vaste.

Peu de personnes savent que la définition de la faute professionnelle dépend de savoir si la pratique utilisée est courante chez les confrères médecins, ou non, et pratiquement pas (généralement pas du tout) du fait que la pratique soit bénéfique ou non. Un médecin désireux d'étudier et d'apprendre une thérapie médicale alternative dans ses moindres détails et prêt à mettre en pratique ce qu'il a appris pour ses patients s'expose potentiellement à des accusations sérieuses de faute professionnelle. De plus, il ne peut s'attendre à aucun soutien de la part de l'organisation médicale. Que la vérité soit dite, la médecine d'aujourd'hui est très mal organisée et ce qui s'appelle « la médecine organisée » n'est qu'une servante vis-à-vis des puissances que sont les agences de santé et l'industrie pharmaceutique. Par exemple, la grande majorité des chefs de clinique ne prend pas la peine d'appartenir à l'AMA (*American Medical Association*). Pourquoi le feraient-ils, puisque toute promotion qu'elle soit financière ou qu'elle touche à la carrière vient du bon vouloir des agences qui détiennent les fonds ?

Quel est le rapport avec la progestérone naturelle ? La réponse est très simple. Une masse de recherches médicales sur la progestérone naturelle a été menée entre 1940 et 1970 ; elle a été largement publiée dans la littérature médicale classique. Cependant, depuis le début des années 70, la recherche médicale est devenue beaucoup plus chère et les subventions pour la recherche sur la progestérone (ou n'importe quelle autre pratique ou traitement non brevetable) se sont raréfiées et ont été supplantées par la commercialisation des médicaments synthétisés, en particulier les progestatifs. Le marché potentiel pour les progestatifs brevetables est vaste – les pilules contraceptives, les règles irrégulières, l'ostéoporose, la prévention du cancer de l'endomètre –, et pratiquement chaque femme est ciblée en vue de lui vendre quelque chose depuis la puberté et à travers tous les âges de sa vie. Pensez-vous que les pouvoirs en place souhaitent voir ce marché lucratif passer au profit des produits naturels en vente libre et quitter les mains soit de médecins prescripteurs soit de l'industrie pharmaceutique ?

Les médecins sont facilement contrôlés. Aux États-Unis tout médecin pratiquant doit consacrer un nombre d'heures fixe à « la formation médicale continue » ou CME (*continuing medical education*). C'est une bonne idée, n'est-ce-pas ? Mais où acquièrent-ils leurs unités de valeur CME ? Mais voyons, lors de séminaires sanctionnés et autorisés par les CME. Et qui autorise et choisit ces séminaires pour les unités de valeur CME ? Eh bien, c'est l'organisation médicale. Et qui sponsorise et décide des conférenciers pour les séminaires CME ? Eh bien, c'est l'industrie pharmaceutique et ses groupes de scientifiques subventionnés. Aux État-Unis les médecins représentent un public captivé par la publicité pharmaceutique. Ils apprennent ce qu'ils doivent prescrire comme médicament. Ils n'apprennent rien des médecines alternatives ni d'une meilleure façon de traiter la maladie. Si un médecin souhaitait se documenter par lui-même, il se trouverait en dehors du domaine et de la bienveillance de la confrérie des médecins. En plus il hésite à être considéré comme quelqu'un qui utilise une pratique différente de celle de ses pairs non seulement à cause de ses liens confraternels avec eux mais aussi à cause des menaces éventuelles d'accusations de fautes professionnelles, même si elles sont dénuées de tout fondement.

Ainsi, quand il entend parler de progestérone naturelle, il se demande pourquoi ses collègues l'ignorent. Si personne n'est au courant, ça doit être faux ou non accepté. Ayant donné des conférences sur le rôle et l'utilisation médicale de la progestérone naturelle, j'ai remarqué à plusieurs occasions que d'excellents médecins demandaient où ils pouvaient se procurer le produit pour leurs épouses ou leurs belles-mères mais pas pour leurs patientes. Comment expliquer ce comportement de la part de professionnels ? Je soupçonne que l'idée primordiale qui règne dans leur esprit est la peur d'être écarté du troupeau.

Comment pouvons-nous changer cette situation ? Elle sera changée quand des patientes intelligentes, motivées, et sachant ce qu'elles veulent, exigeront ce type de soins. Si les progestatifs avaient le même effet et la même sécurité d'emploi que la progestérone naturelle, le débat serait discutable. Mais les progestatifs ne sont pas les équivalents de la progestérone naturelle et ne le seront jamais. Il est très peu probable que l'homme parvienne à synthétiser une hormone meilleure que celle que la nature a su obtenir après des éternités de sélection naturelle.

Les patientes sont conscientes qu'elles ne peuvent pas laisser leur santé entièrement entre les mains des médecins. Elles doivent prendre la responsabilité de leur propre santé. Elles doivent se renseigner et rechercher l'opinion de personnes bien informées. Elles savent qu'une seule médecine ne convient pas nécessairement à chaque individu. Elles souhaitent que leurs conseillers médicaux les soutiennent dans un partenariat pour la santé ; elles n'accepteront plus cette relation condescendante de type enfant-parent. Leur souveraineté doit venir de leur savoir. C'est la raison d'être de ce livre – de partager le savoir que d'autres ainsi que moi-même avons accumulé au cours des vingt à trente dernières années d'étude, en particulier en ce qui concerne la progestérone, cette hormone naturelle trop remarquable pour rester inconnue.

Bonne santé et longue vie à vous tous !

ÉPILOGUE

Puisqu'il y a un prologue, pourquoi ne pas écrire un épilogue ?
Imprimé depuis dix-huit mois, ce petit livre en est à sa quatrième
édition, il a été revu et il y a un index. Pendant cette courte période
de nombreuses choses se sont passées et méritent des commen-
taires. J'ai reçu des centaines de lettres et de coups de téléphone
provenant de lecteurs et de thérapeutes au sujet de leur expérience et de leurs questions concernant la progestérone naturelle.
Plusieurs études ouvrant de nouvelles perspectives ont été
publiées, ajoutant des preuves scientifiques solides aux conclu-
sions que j'ai tirées de mon expérience clinique avec la progestérone. Pour mes lecteurs et lectrices, je saisis cette occasion
pour les mettre à la page en ce qui concerne le traitement hormonal substitutif.

Un des progrès les plus intéressants et les plus significatifs
a été fait dans le domaine des analyses hormonales salivaires.
Oui, toutes nos hormones stéroïdes se trouvent dans la salive ;
on peut les mesurer avec précision par les techniques RIA (*radio
immune assay*). Pour comprendre la pertinence de ces analyses,
nous devons revoir le sujet des niveaux d'hormones dans le
sérum.

Les hormones stéroïdes (les corticostéroïdes, la DHEA et
les hormones sexuelles) sont des composés liposolubles qui

généralement ne se dissolvent pas dans une solution aqueuse, comme le sérum sanguin. Pour qu'elles deviennent solubles dans l'eau, ce qui leur permettra de circuler dans le sérum, les surrénales, les ovaires et les testicules enrobent les hormones qu'ils synthétisent dans un transporteur protéique ou, dans le cas de la DHEA, les lient à des sulfates. Les œstrogènes sont enrobés par le SHBG (*sex hormone binding globulin*) et la progestérone est enrobée de CBG (*cortisol binding globulin*). Cependant, les hormones liposolubles liées à un transporteur protéique ne sont pas biologiquement actives et de ce fait ne permettent pas une bonne mesure de l'activité hormonale. Seulement 1 à 10 % des niveaux sériques de ces hormones sont des hormones biologiquement actives. En revanche, les niveaux d'hormones trouvés dans la salive sont les mesures des seules hormones actives. Ainsi, les mesures d'hormones salivaires sont non seulement moins chères et plus faciles à obtenir mais pourraient bien être plus pertinentes.

Le docteur Peter Ellison du département d'anthropologie de Harvard a beaucoup utilisé les mesures hormonales dans la salive pour les études écologiques de la fonction ovarienne chez différentes populations autour du monde [1, 3] ainsi que pour des tests de variation hormonale menstruelle chez des femmes avec des cycles réguliers [4]. Sa recherche nous a appris que les niveaux d'hormones sexuelles chez les femmes en Occident ou dans les pays industrialisés sont considérablement différents des niveaux d'hormones chez les femmes venant de cultures agraires (moins industrialisées) des soi-disant « pays en voie de développement ». Avant la ménopause, les femmes des pays industrialisés ont des niveaux d'œstrogènes considérablement plus élevés et à la ménopause elles ont une plus grande chute du niveau d'œstrogènes. Le docteur Ellison suggère que ces différences pourraient provenir de considérations prenant en compte la notion d'énergie ; il s'agirait de différences dans la consommation de calories en rapport avec les exigences d'un travail physique. Une consommation plus abondante de nourriture est en corrélation avec une arrivée précoce des règles et avec des niveaux supérieurs d'œstrogènes. Cette découverte pourrait être un facteur majeur pour expliquer les symptômes plus intenses subis par les femmes des sociétés industrielles, au moment de la ménopause.

Par ailleurs, une des études du docteur Ellison concernait un groupe de dix-huit femmes, dont l'âge moyen était 29 ans, et qui toutes avaient des cycles menstruels réguliers [4]. Il a trouvé que sept de ces femmes ne montraient aucune augmentation de progestérone à mi-cycle, indiquant par là qu'elles n'avaient pas d'ovulation. Cela est simplement une indication supplémentaire de l'existence d'une véritable épidémie de cycles anovulatoires et de déficience en progestérone (et par conséquent d'une dominance en œstrogènes) qui apparaît aux États-Unis chez les femmes avant la ménopause.

Les analyses hormonales salivaires sont maintenant disponibles. Par exemple, Aeron Labs, San Leandro, CA, (800-671-7900) et Diagnos-Techs, Inc., de Kent, WA, (800-878-3787) réalisent ces tests régulièrement. Le docteur Zava d'Aeron Labs m'informe que ces tests sont excellents pour confirmer l'absorption de la progestérone transcutanée [5]. Puisque la progestérone naturelle dans une crème cutanée n'est pas entourée d'une enveloppe de protéine, elle n'est pas soluble dans le sérum sanguin mais par contre elle apparaît en de bonnes quantités quelques heures après l'application. Étant liposoluble, elle est probablement transportée dans les chylomicrons (minuscules particules de lipides dans le sang) et sur les membranes de cellules transportées par le sang telle que les globules rouges, et elle est disponible pour les tissus (telles les glandes salivaires) dans une forme biologiquement active. Il est intéressant de noter que le docteur Zava a trouvé que les paumes des mains et les plantes des pieds sont d'excellents endroits du corps pour l'absorption de la progestérone.

Un deuxième problème important pour beaucoup de mes collègues concerne la protection contre le cancer de l'endomètre provoqué par les œstrogènes. Les médecins sont conscients que le THS (le traitement hormonal de substitution) augmente le risque du cancer de l'endomètre et c'est ainsi que par routine on rajoute des progestatifs pour en diminuer le risque. Comme il manque une référence officielle démontrant que la progestérone naturelle est tout a fait capable de fournir cette protection, les médecins hésitent à remplacer les progestatifs par la progestérone naturelle chez les femmes recevant un THS. Heureusement, ce problème est maintenant résolu. Une étude importante (l'étude PEPI) dans le *JAMA* (*Journal of the American Medical Association*) du 18 janvier 1995 [6] démontre que la progestérone naturelle autant que la médroxyprogestérone acétate (Provera) empêchent l'hyperplasie adénomateuse ou atypique de l'endomètre chez les femmes recevant un THS, tandis que trois ans de THS sans progestatif ou sans progestérone naturelle produisent des changements potentiellement précancéreux chez 34 % des femmes.

Un troisième facteur concerne l'effet de la progestérone sur les lipides sanguins. À nouveau l'étude PEPI [6] apporte des éclaircissements. Des suppléments d'œstrogènes entraînent une amélioration des niveaux de cholestérol total et de HDL. Quand on rajoute de la médroxyprogestérone acétate, le bénéfice est considérablement réduit. Quand la progestérone naturelle est utilisée, les bénéfices sont maintenus. Donc l'avantage va à la progestérone naturelle. Puisque beaucoup de femmes continuent de fabriquer suffisamment d'œstrogènes après la ménopause et se sentent très bien avec seulement de la progestérone naturelle, c'est dommage que l'étude n'ait pas incorporé un groupe de femmes ne prenant que de la progestérone naturelle. Dans mon expérience clinique, une supplémentation de progestérone naturelle seule améliore le profil lipidique.

Il y a un quatrième sujet d'une importance certaine : l'idée persistante que la supplémentation en œstrogènes empêche et/ou traite l'ostéoporose après la ménopause. Depuis l'avènement des tests d'absorptiométrie biphotonique de la densité minérale osseuse, il est évident que l'ostéoporose débute bien avant la ménopause quand les niveaux d'œstrogènes sont encore élevés et correspond plus à une déficience en progestérone qu'à une déficience en œstrogènes. Comme je l'ai décrit dans mon livre, la diminution des œstrogènes lors de la ménopause chez les femmes des pays industrialisés accélère temporairement la résorption osseuse. Cependant, après trois à cinq ans, cette accélération de la perte osseuse revient à un taux normal de perte osseuse de 1,5 % par an que les femmes prennent ou non des œstrogènes. Une nouvelle formation osseuse dépend de la progestérone [7] et/ou de la testostérone mais pas des œstrogènes. Une étude importante sur les facteurs de risques de fractures du col du fémur, dans le *New England Journal of Medicine* du 23 mars 1995 [8], a montré que, pour des femmes de soixante-cinq ans ou plus, une supplémentation en œstrogènes à cette période de leur vie n'était pas associée à la prévention de fractures du col du fémur. Une femme prenant des œstrogènes avait le même risque de fracture du col du fémur qu'une femme ne prenant pas d'œstrogènes. Il est possible que l'accélération de la perte osseuse à la ménopause puisse être diminuée par une supplémentation en œstrogènes si la femme présente des signes de déficience en œstrogènes. Ces femmes sortiront de la période autour de la ménopause avec de meilleurs os si elles prennent des œstrogènes avec de la progestérone naturelle en de faibles doses pendant trois à cinq ans autour de la ménopause. Après cette période, on pourra donner des œstrogènes supplémentaires si la femme souffre d'atrophie ou de sécheresse vaginale et non pas parce que l'on croit qu'ils sont nécessaires pour les os. Naturellement, la progestérone peut être continuée toute la vie car elle maintient la nouvelle formation osseuse.

D'après ce qui est écrit ci-dessus, le lecteur peut rester assuré que les preuves scientifiques continuent d'ajouter de la crédibilité aux rôles importants de la progestérone naturelle. L'absorption transcutanée de doses physiologiques de progestérone naturelle est prouvée par les tests salivaires. La progestérone naturelle protège l'utérus des effets indésirables des œstrogènes y compris des adénomes et de l'hyperplasie atypique induits à la fois par les œstrogènes et les progestatifs de synthèse ; elle permet d'obtenir un meilleur profil lipidique. En plus, il y a de fortes preuves que les fractures ostéoporotiques du col du fémur chez les femmes de soixante-cinq ans ou plus ne sont pas en correlation avec une supplémentation en œstrogènes donnée à cet âge. Le problème ici vient moins d'une accélération de la résorption osseuse que d'un manque de nouvelle formation osseuse ; d'où le besoin de progestérone.

Je dois terminer en rendant hommage à ce que j'appellerai le réseau clandestin de communications des femmes ; cet immense réseau informel de communication entre femmes qui propage à une vitesse incroyable autour du monde l'information sur les hormones et sur la santé. Une révolution dans le domaine de l'information et des questions de santé est en marche grâce au réseau de renseignements de femmes intelligentes et concernées. Si mon petit livre a joué un rôle dans la diffusion des connaissances disponibles sur la progestérone naturelle, je suis fier d'être parmi ceux qui ont contribué à ce processus.

Post-scriptum pour l'édition française

Deux études récentes publiées au mois de mars 1997 dans *Nature Medicine* et dans *The Journal of the American College of Cardiology* ont montré d'une part que la médroxyprogestérone acétate * provoquait un spasme de l'artère coronaire et d'autre part que la progestérone naturelle prévenait l'artère coronaire contre le spasme.

Les décès pour cause de crise cardiaque sont rares chez les femmes avant la ménopause, mais augmentent jusqu'à atteindre le même niveau que chez les hommes après la ménopause. Après examen, on a trouvé que les artères coronaires ne sont pas obstruées par des plaques d'athérome ; dans la grande majorité des décès pour cause de crise cardiaque chez les femmes après la ménopause, l'obstruction dans les artères est inférieure à 50 %. Cela signifie que la crise devient fatale seulement à cause d'un spasme des artères coronaires faisant passer l'obstruction de 50 à 100 %. Ainsi, la médroxyprogestérone acétate doit être évitée à tout prix et seule la vraie progestérone (naturelle) doit être utilisée dans le traitement hormonal substitutif.

* La médroxyprogestérone acétate est un dérivé de la 17 α-hydroxy-progestérone, progestatif le plus utilisé aux États-Unis pour les femmes après la ménopause.

GLOSSAIRE

Adénomyose : (synonyme d'endométriose) fragments de tissu endométrial situés dans l'épaisseur du muscle utérin et provoquant des douleurs au moment des règles.

Aménorrhée : absence de règles.

Androgène : produisant les caractéristiques masculines.

Anovulatoire : interruption ou cessation de l'ovulation.

Aromatisation : conversion d'un composé organique cyclique en une forme phénolique.

Blastoderme : portion de l'œuf fécondé donnant naissance à l'embryon.

Cancérigène : toutes substances pouvant être à l'origine du cancer.

Catabolisme : le processus par lequel les cellules vivantes convertissent des substances complexes en composés plus simples (exemple : le métabolisme négatif).

Catalyseur : toute substance qui affecte la vitesse d'une réaction chimique.

Cerveau limbique : le cortex cérébral sous le corps calleux et au-dessus l'hypophyse contenant le noyau neural qui contrôle les fonctions autonomes, l'homéostasie, les perceptions et les réponses émotionnelles et qui règle les réponses immunitaires.

Chromosome : les molécules contenant les gènes (génomes) ou les facteurs héréditaires composés d'ADN ou d'ARN.

Coliforme : analogue à l'*Escherichia coli*, microbe très répandu dans le côlon.

Conjugué : en biochimie, se dit d'un composé combiné avec un autre.

Équilibre hormonal et progestérone naturelle

Corps jaune : petite masse glandulaire jaune dans l'ovaire formée par un follicule après l'ovulation (libération de son œuf).

Corticostéroïdes : hormones produites par le cortex surrénal.

Cytoplasme : la partie aqueuse du protoplasme d'une cellule excluant le noyau.

De novo : en biochimie se refère à la synthèse à partir de composés de bases plutôt que de composés synthétisés par des réactions antérieures.

Diurétiques : substances qui augmentent la production d'urine.

ADN : acide désoxyribonucléique, le composé de bases des chromosomes.

Dysménorrhée : règles douloureuses.

Endocrine : se dit d'un organe (glande) qui sécrète des substances telles que les hormones.

Endogène : qui se produit et se développe à l'intérieur de l'organisme.

Endomètre : muqueuse sécrétoire qui tapisse l'intérieur de l'utérus.

Enzyme : un composé organique, habituellement une protéine, ayant une action catalytique produisant le changement d'un substrat. Le plus souvent il y a spécificité entre l'enzyme et son substrat.

Exogène : qui a son origine en dehors de l'organisme.

Follicule : une très petite glande ou sac excrétoire ou sécrétoire exemple le follicule ovarien qui produit l'ovule.

Gamètes : ovule et spermatozoïde dont l'union est nécessaire à la reproduction sexuelle.

Génome : fait référence à l'heure actuelle aux gènes, les particules des chromosomes transmettant l'hérédité.

Gonadique : se dit des glandes produisant les gamètes, c'est-à-dire les ovaires et les testicules.

Gonadotrope : se dit des hormones qui affectent ou stimulent les gonades.

Homéostasie : la capacité qu'a l'organisme de maintenir un environnement interne stable.

Hybridation : le processus qui consiste à produire une nouvelle plante ou un nouvel animal à partir de parents d'espèces différentes.

Hydrolysé : fait référence à un composé que l'on a divisé par addition d'eau ; le groupe hydroxyl est incorporé à l'un des fragments et l'atome d'hydrogène à l'autre.

Hydroxylation : l'addition d'un radical hydroxyl (-OH) à un composé.

Hyperménorrhée : écoulement anormalement abondant lors des règles.

Hypothalamus : noyau neural du cerveau limbique situé juste au-dessus de l'hypophyse qui contrôle les activités viscérales, l'équilibre hydrique, le sommeil et la production hormonale par l'hypophyse.

Hystérectomie : ablation chirurgicale de l'utérus.

Lutéinisation : se réfère à la maturation des follicules ovariens en vue de l'ovulation à la suite de laquelle le follicule devient le corps jaune produisant la progestérone.

Mastodynie : seins douloureux.

Métabolisme : le processus biochimique des organismes vivants par lequel des substances sont produites et l'énergie est rendue disponible à l'organisme.

Métrorragie : écoulement sanguin survenant en dehors des règles.

Minéralocorticoïde : un corticoïde dont l'action principale est de promouvoir la rétention d'eau et l'excrétion de potassium.

Mitochondries : petites organites à l'intérieur du cytoplasme qui sont le lieu de la conversion du sucre en énergie, elles contiennent leur propre ADN.

Nanogramme : un millionième de milligramme (10-9).

Ovocyte : la cellule dont dérive l'ovule.

Équilibre hormonal et progestérone naturelle

Oophorectomie : synonyme de ovariectomie, ablation chirurgicale d'un ou des deux ovaires.

Ostéoblastes : la cellule osseuse qui permet le renouvellement des os.

Ostéoclastes : la cellule osseuse qui permet la résorption du tissu osseux ancien.

Ostéocyte : cellule osseuse ; peut devenir un ostéoclaste ou un ostéoblaste.

Ostéoïde : la matrice osseuse non cellulaire de nature collagène.

Peptide : une classe de composés de faible poids moléculaire constitués de plusieurs acides aminés.

Préménopause : avant la ménopause.

Résorption : la perte ou la dissolution d'une substance.

Saphrophyte : ce dit d'un organisme qui vit de matières organiques inertes ou en décomposition.

Stéroïde : nom d'ensemble de composés dont la molécule de base est le cholestérol, par exemple les hormones sexuelles et les corticostéroïdes.

Stérol : composés avec un seul groupe hydroxyl (-OH) soluble dans les lipides et largement présent chez les végétaux et les animaux. Le cholestérol est un stérol.

Synovial : qui se rapporte à la membrane tapissant les espaces internes des articulations.

Thermogène : capable d'engendrer une augmentation de température.

Trans- : se réfère à des composés dont l'état naturel a été altéré.

Xéno- : signifiant étranger ou ayant une relation avec une matière étrangère.

RÉFÉRENCES BIBLIOGRAPHIQUES

CHAPITRE 1.
1. History of progesterone as described by Goodman & Gilman, *The Pharmacological Basis of Therapeutics*, 6th edition, 1980, chapter 61, Estrogens and Progestins, p. 1420.
2. *Text book of Clinical Chemistry*, Norbert W. Tietz, Ph. D., editor, W. B. Saunders Co., 1986, p. 1095.
3. *Cecil's Textbook of Medicine*, 18th edition, 1988, p. 1541.
4. *Harrison's Principles of Internal Medicine*, 12th edition, 1991, p. 1295.
5. *Scientific American Medicine*, updated, chap. 15, section X, p. 9.
6. Barzel U.S. « Estrogens in the prevention and treatment of postmenopausal osteoporosis : a review », *Am. J. Med.*, 1988, 85 : 847-850.
7. Felson D.R., Zhang Y, Hannan MT., et al.,« The effect of postmenopausal estrogen therapy on bone density in elderly women », *New Engl. J. Med.*, 1993, 329 : 1141-1146.
8. Gambrell RD., « The menopause : benefits and risks of estrogen-progestogen replacement therapy », *Fertil. Steril.*, 1983, 37 : 457-474.
9. Lee J.R., « Osteoporosis reversal : the role of progesteone », *Intern. Clin. Nutr. Rev.*, 1990, 10 : 384-391.

CHAPITRE 2.
1. Goodman & Gilman, *The Pharmacological Basis of Therapeutics*, 8th edition, 1990, chapter 58.
2. *Textbook of Clinical Chemistry*, editor Norbert W. Tietz, Ph. D., W. B. Saunders Co., 1986, p. 1085-1171.
3. *Will's Biochemical Basis of Medicine*, 2d edition, Wright publisher, 1989, chapter 17.

CHAPITRE 3.
1. Ottoson U.B., Johansson B.G., von Schoultz B., « Subfractions of high-density lipoprotein cholesterol during estrogen replacement therapy : a comparison between progestogens and natural progesterone », *Am. J. Obstet. Gynecol.*, 1985, 151 : 746-750.
2. Hargrove J.T., Maxson W.S., Wentz A.C., Burnett L.S., « Meno-pausal hormone replacement therapy with continuous daily oral micronized estradiol and progesterone », *OB & Gyn.*, 1989, 71 : 606-612.
3. Stevenson J.C., Ganger K.F. et al., « Effects of transdermal versus oral hormone replacement therapy on bone density in spine and proximal femur in postmenopausal women », *Lancet,* 1990, 336 : 265-269.
4. Whitehead M.I., Fraser D., Schenkel L., Crook D., Stevenson J.C., « Transdermal administration of oestrogen/progestagen hormone replacement therapy », *Lancet*, 1990, 335 : 310-312.
5. Crane Mg, Harris J.J., « Effects of gonadal hormones on plasma renin activity

Équilibre hormonal et progestérone naturelle

and aldosterone excretion rate », in Salhanick H.A., Kipnis D.M., Vande Weile R.L., eds : *Metabolic effects of gonadal hormones and contraceptive steroids*, Plenum Press, NY, 1969, 446-463, and discussion p. 736.

6. Crane Mg, Harris J.J., Winsor W. III., « Hypertension, oral contraceptive agents, and conjugated estrogens », *Ann. Int. Med.*, 1971 m, 74 : 13-21.

7. Landau R.L., Lugibihi K., « The catabolic and natriuretic effects of progesterone in man », *Recent Progr. Horm. Res.*, 1961, 17 : 249-281.

8. Edgren R.A., Progestagens. Reprinted from Clinical Use of Sex Steroids, Yearbook Medical Publishers, Inc., 1980.

9. *Scientific American Medicine*, updated 1992, chap. 15, section X, p. 9.

10. Gambrell RD., « The menopause : benefits & risks of estrogen-progestogen replacement therapy », *Medical Times*, sept 1989, 35-43.

11. Bergvist L., Adami H.-O., Persson I., Hoover R., Schairer C., « The risk of breast cancer after estrogen and estrogen-progestin replacement », *New Engl. J. Med.*, 1989, 321 : 293-297.

CHAPITRE 5.

1. Prior J.C., Vigna Y.M., « Spinal bone loss and ovulatory disturbances », *New Engl. J. Med.*, 1990, 223 : 1221-1227.

2. Prior J.C., Vigna Y.M., Alojado N., « Progesterone and the prevention of osteoporosis », *Canadian Journal of Ob/Gyn & Women Health Care*, 1991, 3 : 178-184.

3. Prior J.C., « Progesterone as a bone-trophic hormone », *Endocrine Reviews*, 1990, 11 : 386-398.

CHAPITRE 6.

1. te Velde E.R., (lettre) « Disappearing ovarian follicles and reproductive aging », *Lancet*, 1993, 341 : 1125.

2. *Leridon H. Human fertility : the basic components*, Chicago, University of Chicago Press, 1977, 202.

3. Van Noord-Zsaadstra B.M., Looman C.W.N., Alsback H. et al., « Delaying childbearing : effect of age on fecundity and outcome of pregnancy », *BMJ*, 1991, 302 : 1361-1365.

CHAPITRE 7.

1. Sheehy G., *The Silent Passage*, Pocket Books, 1991, p. 24.

2. Raloff J., « EcoCancers », *Science News*, 3 July 1993, 144 : 10-13.

3. Reported in article « Sperm-count drop tied to pollution rise », *Medical Tribune*, 26 March 1992.

4. Documenta Geigy, Scientific Tables 6th edition, p. 493.

5. Lennon H.M., Wotiz H.H., Parsons L., Mozden P.J., « Reduced estriol excretion in patients with breast cancer prior to endocrine therapy », *JAMA*, 1966, 196 : 112-120.

6. Raz R., Stamm W.E., « A controlled trial of intravaginal estriol in postmenopausal women with recurrent urinary tract infections », *New Engl. J. Med.*, 1993, 329 : 753-756.

7. Felson D.T., Zhang Y., Hannan M.T., Kiel D.P., Wilson P.W.F., Anderson J.J., « The effect of postmenopausal estrogen therapy on bone density in elderly women », *New Engl. J. Med.*, 1993, 329 : 1141-1146.

CHAPITRE 8.
1. Voir référence 6 ci-dessus, chapitre 7.

CHAPITRE 9.
1. Reported in article, « Progesterone : Safe Antidote for PMS », in *McCall's*, october 1990, p. 152-156.
2. This chapter relies on my own clinical experience in using natural progesterone for patients with PMS.

CHAPITRE 10.
1. Albright F., Smith P.H., Richardson A.M., « Postmenopausal osteoporosis : its clinical featur », *JAMA*, 1941, 116 : 2465-2474.
2. Aitken M., Hart D.M., Lindsay R., « Oestrogen replacement therapy for prevention of osteoporosis after oopherectomy », *Br. Med. J.*, 1973, 3 : 515-518.
3. Lindsay R., Hart D.M., Forrest C., Baird C., « Prevention of spinal osteoporosis in oophorectomized women », *Lancet*, 1980, II : 1151-1154.
4. Gordon G.S., Picchi J., Root B.S., « Antifracture efficacy of long-term estrogens for osteoporosis », *Trans Assoc Am Physicians*, 1973, 86 : 326-332.
5. Hammond C.B., Jelvsek F.R., Lee K.L., Creasman W.T., Parker R.T., « Effects of long-term estrogen replacement therapy », in « Metabolic effects », *Am. J. Ob-Gyn.*, 1979, 133 : 525-536.
6. Hutchinson T.A., Polansky S.M., Feinstein A.R., « Postmeno pausal oestrogens protect against fractures of hip and distal radius : a case control study », *Lancet*, 1979, II 705-709.
7. Weiss NS, Ure Cl, Ballard JH, Williams AR, Daling J.R., « Decreased risk of fracture of hip and lower forearm with postmenopausal use of estrogen », *New Engl. J. Med.*, 1980, 303 : 1195-1198.
8. Ettinger B., Genant H.K., Cann C.E., « Long-term estrogen replacement therapy prevents bone loss and fractures », *Ann. Intern. Med.*, 1985, 102 : 319-324.
9. Barzel U.S., « Estrogens in the prevention and treatment of postmenopausal osteoporosis : a review », *Am. J. Med.*, 1988, 85 : 847-850.
10. Christiansen C., Christiansen M.S., Transbol I., « Bone mass in postmenopausal women after withdrawal of oestrogen/gestagen replacement therapy », *Lancet*, 1981 feb., 28, 459-461.
11. Prior J.C., Vigna V.M., « Spinal bone loss and ovulatory disturbances », *New Engl. J. Med.*, 1990, 323 : 1221-1227.
12. Rudy D.R., « Hormone replacement therapy », *Postgraduare Medicine*, 1990 dec., 157-164.
13 Felson D.T, Zhang Y., Hannan M.T., Kiel D.P., Wilson P.W.F., Anderson J.J., « The effect of postmenopausal estrogen therapy on bone density in elderly women », *N. Engl. J. Med.*, 1993, 329 : 1141-1146.

14. Manolagas S.C., Jilka R.L., Hangoc G. et al., « Increased osteoclast development after estrogen loss : mediation by interleukin-6 », *Science*, 1992, 257, 88-91.
15. Prior J.C., « Progesterone as a bone-trophic hormone », *Endocrine Reviews*, 1990, 11 : 386-398.
16. Prior J.C., Vigna Y.M., Burgess R., « Medroxyprogesterone acetate increases trabecular bone density in women with menstrual disorder », presented at the annual meeting of the Endocrine Society, june 11, 1987, Indianapolis.
17. Munk-Jensen N., Nielsen S.P., Obel E.B., Eriksen P.B., « Reversal of postmenopausal vertebral bone loss by oestrogen and progestagen : a double-blind placebo-controlled study », *Br. Med. J.*, 1988, 296 : 1150-1152.
18. Johansen J.S., Jensen S.B., Riis B.J. et al. « Bone formation is stimulated by combined estrogen, progestagen », *Metabolism*, 1990, 39 : 1122-1126.
19. Cundy T., Evans M., Roberts H. et al. « Bone density in women receiving a depot medroxyprogesterone acetate for contraception », *Br. Med. J.*, 1991, 303 : 13-16.
20. Lee J.R., « Osteoporosis reversal : the role of progesterone », *Intern. Clin. Nutr. Rev.*, 1990, 10 : 384-391.
21. Lee J.R., « Osteoporosis reversal with transdermal progesterone » (letter), *Lancet*, 1990, 336 : 1327.
22. Lee J.R., « Is natural progesterone the missing link in osteoporosis prevention and treatment ? », *Medical Hypotheses*, 1991, 35 : 316-318.
23. « Will's Biochemical Basis of Medicine 1989 », chapter 22, p. 258.
24. Lees B., Molleson T., Arnett T.R., Stevenson J.C., « Differences in proximal femur density over two centuries », *Lancet*, 1993, 341 : 673-675.
25. Coats C., « Negative effects of a high-protein diet », *Family Practice Recertification*, 1990, 12 : 80-88.
26. Riggs B.L., Hodgson S.F., O'Fallon W.M., Chao E.Y.S., et al., « Effect of fluoride treatment on the fracture rate in postmenopausal women with osteoporosis », *N. Engl. J. Med.*, 1990, 322 : 802-809.
27. Kleerekoper M.E., Peterson E., Phillips E., Nelson D. et al., « Continuous sodium fluoride therapy does not reduce vertebral fracture in postmenopausal osteoporosis », [abstract] *J. Bone Miner . Res.,* 1989, Res. 4 (Suppl. 1) : S376.
28. Hedlund L.R., Gallagher J.C., « Increased incidence of hip fracture in osteoporotic women treated with sodium fluoride », *J. Bone & Miner. Res.*, 1989, 4 : 223-225.
29. Sowers M.F.R., Clark M.K., Jannausch M.L., Wallace R.B., « A prospective study of bone mineral content and fracture in communities with differential fluoride exposure », *Am. J. Epidemiol.*, 1991, 134 : 649-660.
30. Jacobsen S.J,. Goldberg J., Miles T.P., Brody J.A. et al., « Regional variation in the incidence of hip fractures ; US white women aged 65 years and older », *JAMA*, 1990, 264 : 500-502.
31. Cooper C., Wickham C.A.C., Barker D.J.R., Jacobsen S.J. « Water fluoridation and hip fracture », (letter) *JAMA*, 1991, 266 : 513-514.
32. Danielson C, Lyon JL, Egger M, Goodenough GK., « Hip fractures and fluoridation in Utah's elderly population », *JAMA*, 1992, 268 : 746-747.

Références bibliographiques

Chapitre 11.

1. Bergkvist L., Adami H.-O., Persson I., Hoover R., Schairer C., « The risk of breast cancer after estrogen and estrogen-progestin replacement », *N. Engl. J. Med.*, 1989, 321 : 293-297.

2. Henderson B.E., Ross R.K., Pike M.C. Casagrande J.T., « Endogenous hormones as a major factor in human cancer », *Cancer Res.*, 1982, 42 : 3232-3239.

3. Hoover R., Gray L.A. Sr, Cole P., MacMahon B., « Menopausal estrogens and breast cancer », *N Engl J Med*, 1976, 295 : 401-405.

4. Hiatt R.A., Bawol R., Friedman G.D., Hoover R., « Exogenous estrogen and breast cancer after bilateral oophorectomy », *Cancer*, 1984, 54 : 139-144.

5. La Vecchia C., Decarli A., Parazzini F., Gentile A., Liberati C., Franceschi S., « Non-contraceptive oestrogens and the risk of breast cancer in women », *Int J Cancer*, 1986, 38 : 853-858.

6. Cowan L.D., Gordis L., Tonascia J.A., Jones G.S., « Breast cancer incidence in women with a history of progesterone deficiency », *Am J Epidemiology*, 1981, 114 : 209-217.

7. A report by Ruby Senie, PhD, of the Centers for Disease Control, at the annual science writers seminar sponsored by the American Cancer Society. Reported by the February 5, 1992 issue of *HEALTH* and by the May 7, 1992 issue of *Medical Tribune*.

8. Janet Raloff, « EcoCancers : do environmental factors underlie a breast cancer epidemic ? », *Science News*, 3 July 1993, 144 : 10-13.

9. Lemon H.M., Wotiz H.H., Parsons L., Mozden P.J., « Reduced estriol excretion in patients with breast cancer prior to endocrine therapy », *JAMA*, 1966, 196 : 112-120.

Chapitre 12.

Mes références ici viennent de mon expérience depuis 1982 de l'utilisation de la progestérone naturelle.

Épilogue

1 Ellison P.T., Painter-Brick C., Lipson S.F., O'Rourke M.T., « The ecological context of human ovarian function », *Hum Reprod Dec*, 1993, 8 (12) : 2248-58.

2 Ellison P.T., « Measurements of salivary progesterone », *Ann NY Acad. Sci.*, Sept 20, 1993, 694 : 161-76.

3 Ellison P.T., Lipson S.F., O'Rourke M.T. et al., « Population variation in ovarian function » (letter), *Lancet*, August 14, 1993, 342 : 433-4.

4 Campbell B.C., Ellison P.T., « Menstrual variation in salivary testosterone among regularly cycling women », *Horm. Res.*, (Switzerland), 1992, 37 : (4-5):132-6.

5. Dr. David Zava, Livermore, CA personal communication, April 1995.

6. PEPI Trial writing group. « Effect of estrogen or estrogen/progestin reminens on heart disease risk factors in postmenopausal women », *JAMA*, Jan 18, 1995, 273 : 199-208.

7. Prior J.C., « Progesterone and its role in bone remodeling », Chapiter 3 of Sex Steroids and Bone, Springer-Verlag publisher, 1994.
8. Cummings S.R., Nevitt M.C., Browner W.S. et al., « Risk factors for hip fracture in white women », *New. Engl. J. Med.*, March 23, 1995, 332 : 767-773.

QUELQUE OUVRAGES EN FRANÇAIS

Ellen Grant, *Amère pilule*, Éd. ŒIL.
Maurice Rubin, *Comment préserver votre santé et votre vitalité après 45 ans*, Éd. Albin Michel.
Dominique Rueff, *La Bible des vitamines et des suppléments nutritionnels*, Éd. Albin Michel.
Dominique Rueff, Maurice Nahon, *Hormones végétales naturelles*, Éd. Jouvence/Sully.
Thierry Soucard, *La révolution des vitamines*, Éd. First.
Karen Vago, *Vaincre le syndrome prémenstruel*, Éd. Albin Michel.
Roy Walford, *Un régime de longue vie*, Éd. Laffont.
La revue trimestrielle *Énergie Santé* publie régulièrement des articles sur les approches nutritionnelles et hormonales (Éd. Sully).

Pour se procurer de la progestérone naturelle

Il existe aux Etats-Unis plusieurs crèmes contenant une concentration en progestérone naturelle correspondant aux recommandations du docteur John R. Lee, soit 400-500 mg pour 30 g de crème. Ces crèmes sont en vente libre dans les *Health food store* et l'édition américaine de cet ouvrage cite plusieurs marques.

La situation et la législation en France sont plus confuses. Outre les recherches que vous pouvez faire vous-mêmes sur Internet (par exemple : www.nutritionconcept.com), voici deux adresses où vous pouvez vous procurer facilement de la progestérone naturelle.

Higher Nature

Cette société installée en Angleterre commercialisait la crème Pro-Gest utilisée à ses débuts par le Dr Lee. Elle commercialise dorénavant deux crèmes à la progestérone naturelle : Pro-Vive 1,5 % et Pro-Vive 3 % qui se présentent dans un tube de 60 g et fournissent respectivement 950 mg et 1 800 mg de progestérone.

– Higher Nature Ltd., Burswash Common, East Sussex, TN 19 7LX, Angleterre. Tél. : (00)44 1435 882880, fax : (00)44 1435 883720.

Une antenne de cette société est installée dans l'île de Jersey pour la commercialisation en langue française :

– Higher Nature Jersey, Flat 2/N°2, St Saviour's Crescent, St Saviour Road, Jersey JE2 7LA. Tél./Fax : (00)44 1534 617587

Smart DFN

Cette société commercialise la Progesterone cream 1,8 %, contenant 1 g de progestérone pour 56 g de crème.

– Smart DFN, 241, route de Longwy, L-1941 Luxembourg.

Antenne en France : Smart City, BP 39, 06161 Juan-les-Pins Cedex.

Tél. : 04 93 67 55 84, fax : 04 93 67 56 32

Site : www.supersmart.com

Aux éditions Sully

Alain Bienvenu, *Le corps et les lois de la vie*.

Pierre Crépon, *Dictionnaire pratique de l'acupuncture et du shiatsu*.

Jacques-Pascal Cusin, *Jus de vie et boissons de haute vitalité*.

James DeMeo, *Manuel de l'accumulateur d'orgone*.

Marc Dovero, *La relaxation énergétique*.

Marc Dovero, *Vaincre l'anxiété aux examens*.

Chéreau Jean-Pierre, *La Colonne d'harmonie*.

Colette Gourgues-Lerisson, *Mieux-vivre grâce à l'énergétique chinoise*.

Dr Gérard Guasch, *Quand le corps parle, pour une autre psychanalyse*.

René Haussin, *Guide pratique des compléments alimentaires et des remèdes naturels*.

Françoise Hématy, *Le TOG, du traitement ostéopathique général à l'ajustement du corps*.

Daniel Kieffer, *Encyclopédie de revitalisation naturelle*.

Dr J. R. Lee, Dr J. Hanley, V. Hopkins, *Tout savoir sur la préménopause*.

Dr J. R. Lee, D. Zava, V. Hopkins, *Tout savoir sur le cancer du sein*.

Harold I. Magoun, *Ostéopathie dans le champ crânien*.

Ronald Mary, Philippe Menechi, *Guide familial des élixirs floraux*.

Serge Paoletti, *Les Fascias*.

Jean-Luc Sagniez, *Rééducation des vertiges d'origine périphérique*.

Jean-Paul Saby, *Bien naître par l'ostéopathie*.

Roger Santini, *Notre santé face aux champs électriques et magnétiques*.

Andrew Taylor Still, *Autobiographie*.

Andrew Taylor Still, *Philosophie de l'ostéopathie*.

Andrew Taylor Still, *Ostéopathie, recherche et pratique*.

William G. Sutherland, *Textes fondateurs de l'ostéopathie dans le champ crânien*.

Carol Trowbridge, *Naissance de l'ostéopathie, Vie et œuvre d'A.T. Still*.

Les Éditions Sully publient la revue trimestrielle *Énergie Santé* qui traite régulièrement, et de façon appronfondie, des approches alternatives de la santé : nutrition, énergétique, thérapie manuelle, psychosomatique, etc. **Vente par abonnement** (Index des anciens numéros sur simple demande).

Éditions Sully – BP 171 – 56005, Vannes Cedex, France.
Tél. : 02 97 40 41 85 - Fax : 02 97 40 41 88
E-mail : editions.sully@wanadoo.fr   Site : www.editions-sully.com

Achevé d'imprimer en avril 2002
sur les presses de la Nouvelle Imprimerie Laballery
58500 Clamecy
Dépôt légal : avril 2002
Numéro d'impression : 204092

Imprimé en France